Oplossingsgericht coachen

Voor Stephanie, mijn geliefde levenscoach, en mijn kinderen Anna-Julia, Tabea en Till, die zich erop verheugen hun namen hier te zien staan.
Peter Szabó

Voor Steve, mijn vriend, partner, coach en mentor. Bedankt.
Voor Sarah, bedankt voor je levenslange coaching tijdens mijn pogingen een ouder te zijn.
Insoo Kim Berg

Oplossingsgericht coachen

Insoo Kim Berg en Peter Szabó

Thema, uitgeverij van Schouten & Nelissen

Oorspronkelijke titel: *Brief coaching for lasting solutions,* Insoo Kim Berg en Peter Szabó, W.W. Norton & Company, Inc., New York.

Copyright © 2005 Insoo Kim Berg en Peter Szabó
Copyright © 2006 Uitgeverij Thema voor het Nederlands taalgebied

Zevende druk, 2015

Alle rechten voorbehouden. Niets uit deze uitgave mag worden vermenigvuldigd, opgeslagen in een geautomatiseerd gegevensbestand of openbaar gemaakt, in enige vorm of op enige wijze, hetzij elektronisch, mechanisch, door fotokopieën, opnamen of op enig andere manier, zonder voorafgaande toestemming van de uitgever.

Opmaak omslag: Van Lieshout Visuele Ideeën, Nijmegen
Opmaak binnenwerk: Werktitel, Amsterdam
Vertaling: Wouter Scheen, Amsterdam
Grafische productie: Bariet, Steenwijk

ISBN 978 90 5871 817 4
NUR 808
TREFWOORD coachen

www.thema.nl

Volg ons ook op

Inhoud

Woord vooraf   7

1 Aan de slag   11
    Even voorstellen: Elizabeth   12
    De herkomst van oplossingsgericht coachen   14
    De grondbeginselen van het oplossingsgerichte paradigma   16
    Hoe mensen veranderen   21
    Wat je moet zeggen en hoe je dat doet   23
    Duidelijkheid over de doelen   28
    Een gedetailleerde routebeschrijving maken   31
    Gebruikmaken van de vaardigheden van de cliënt   35

2 Eenvoudige hulpmiddelen voor serieuze taken   39
    Beginnen met het eind voor ogen   40
    Overleg over de doelen   42
    Schaalvragen   52
    Bruikbare taalvaardigheden   56
    Andere taken tijdens de eerste sessie   63

3 Taken tussen de sessies en follow-up   71
    Richtlijnen voor experimenten en taken   71
    Experimenten die patronen doorbreken   76
    Als het beter gaat   81

Als cliënten zeggen dat er niets is veranderd   87
Als cliënten zeggen dat het slechter gaat   89
Als cliënten jouw suggesties niet opvolgen   91
Als cliënten terugvallen   92
Wanneer neem je afscheid?   94

4 Moeilijke situaties   97

We kunnen anderen niet veranderen   97
Omgaan met moeilijke mensen   103
Cliënten en conflicten   111
Onvrijwillige cliënten   121
Besluiteloze cliënten   128

5 Niet vaak voorkomende, maar wel ernstige situaties   135

Als zich een terugval voordoet   136
Als er geen vooruitgang geboekt wordt   140
Crises en noodgevallen   143
De cliënt doorverwijzen   147
Hoe je één sessie het beste kunt benutten   148
Conclusies   149

Appendix: coachingsoefeningen en geheugensteuntjes   151

Oplossingen zoeken bij onvrijwillige cliënten   151
Het contact met de cliënt verdiepen   152
Uitlokken, details uitwerken, aanmoedigen en opnieuw beginnen   152
Complimenten als interventie   153
Het versterken van de samenwerking met cliënten: hulpmiddelen om oplossingen te vinden   155
Hoe je over oplossingen kunt beginnen   156
Bruikbare taalvaardigheden   157

Noten   158

Woord vooraf

Het Engelse werkwoord *to coach* kan gedefinieerd worden als 'het op comfortabele wijze vervoeren van mensen van de plek waar zij zijn, naar de plaats waar zij willen zijn'. Deze omschrijving dateert uit de tijd dat een *coach* een transportmiddel was dat door een span paarden getrokken werd en reizen nog een lange en moeizame aangelegenheid was. Ons verlangen om comfortabel te reizen is gebleven, maar we willen onze bestemming nu wel sneller en gemakkelijker bereiken. De moderne coach gaat uit van het verlangen comfortabel en snel van punt A naar punt B te komen. In hun persoonlijk en werkzaam leven willen cliënten hun doelen, ideeën en dromen vaak nog net even een stapje verder brengen.
Er zijn veel boeken over coaching geschreven – boeken over hoe je een succesvolle coachingspraktijk kunt opzetten, over sportcoaching, over het coachen van leidinggevenden, over personal coaching en tal van andere toepassingen. Misschien ben je op zoek naar een handzame gids die je laat zien hoe je coachen op een gemakkelijke manier in de praktijk kunt brengen, met een beschrijving van allerlei handige vaardigheden die je in verschillende omstandigheden kunt toepassen. Zo'n gids moet natuurlijk eenvoudig, gemakkelijk te leren en praktisch zijn. Bovenal moet hij de gewenste resultaten opleveren. Je wilt dus simpelweg dat het werkt – een alleszins redelijke eis. In de loop der jaren hebben we met honderden professionals gesproken en daarbij hebben we gemerkt dat de meesten van hen zich tot coaching aangetrokken voelden omdat ze anderen wilden helpen. Daardoor veranderen ze misschien zelfs de wereld wel een beetje.
Dit boek is geschreven voor coaches die de wereld willen veranderen, ook al is het maar een klein beetje. Die resultaat willen zien en tegelijkertijd de cliënt met

respect willen bejegenen. En die gebruik willen maken van de vermogens en vaardigheden die de cliënt al heeft. Dit boek is vooral geschikt voor coaches die de begeleiding van cliënten willen verkorten.

We hopen dat dit boek is wat je zoekt, of je nu je vaardigheden wilt aanscherpen of je carrière een nieuwe wending wilt geven. We willen het je zo gemakkelijk mogelijk maken, daarom hebben we kadertekstjes opgenomen met geheugensteuntjes, tips en antwoorden op vragen uit de praktijk.

Nieuwe gezichtspunten verruimen onze blik en verbeteren onze vaardigheden. Hetzelfde gebeurt als we naar onbekende gebieden reizen of terugkeren naar bekende en stimulerende plekken. We hopen dat dit boek je passie zal aanwakkeren en je ertoe zal aanzetten jouw vaardigheden aan te scherpen, zodat je je met hernieuwde kracht voor je cliënten kunt inzetten. We beschouwen je als een expert die over alle vaardigheden, hulpbronnen en oplossingen beschikt die nodig zijn voor het realiseren van jouw doelen. We zullen je aanmoedigen je vaardigheden optimaal in te zetten. Maar we moeten er wel op wijzen dat de reis niet altijd even gladjes zal verlopen. Er zal een groot beroep gedaan worden op je vindingrijkheid en verbeeldingskracht. Af en toe zul je je eens flink achter je oren krabben en je afvragen hoe het kan dat zulke eenvoudige dingen zo goed werken.

Natuurlijk zullen we je geregeld op je schouder kloppen en je wijzen op nieuwe ideeën en andere gezichtspunten. Je wordt uitgenodigd je coachingsvaardigheden op nieuwe manieren in te zetten, zodat je ontdekt hoe je je werk sneller en effectiever kunt doen. We zullen je stap voor stap laten kennismaken met de kortdurende coachingsbenadering en je het vertrouwen geven het geleerde toe te passen. Maar let op: hoewel het concept eenvoudig en nogal voor de hand liggend lijkt te zijn, zijn de technieken niet zo gemakkelijk toe te passen. Niet omdat ze gecompliceerd en moeilijk te leren zijn, maar omdat ze van jou de discipline vragen simpel te blijven denken bij problemen die bijzonder ingewikkeld en moeilijk schijnen te zijn. Veel mensen denken ten onrechte dat de cliënt geholpen is met complexiteit, hetgeen er vaak toe leidt dat de begeleiding veel langer gaat duren en men zich af en toe volkomen verloren kan voelen. Om coaching simpel te houden zijn discipline en vaardigheden nodig.

Centraal in dit boek staat het coachingsgesprek: hoe je een gesprek zo kunt voeren dat het de cliënt in een korte tijd het meeste oplevert. Veel goede coaches hebben één ding met elkaar gemeen: bepaalde ideeën over de cliënten met wie ze werken en de overtuiging dat cliënten zelf kunnen ontdekken wat goed voor hen is en wat ze willen bereiken.

In hoofdstuk 1 beschrijven we het concept 'oplossingsgericht coachen' en laten we zien dat zelfs het meest ingewikkelde probleem in korte tijd kan worden opgelost. Het gaat er daarbij om 'buiten de vaste kaders te treden'. Zodra je dat doet, moet je je ervan bewust zijn hoe je over jouw cliënten denkt, omdat het aanleren van technieken geen garantie is voor succes als je hart er niet bij is. Aan de hand van een voorbeeld beschrijven we in detail enkele gespreksstrategieën, die de toon zetten voor een oplossingsgerichte coachingsessie. Het hoofdstuk bevat een beschrijving van allerlei handzame strategieën en hulpmiddelen.

Hoofdstuk 2 is gewijd aan taalstrategieën en nuttige gereedschappen die je bij de eerste sessie kunt inzetten. Met behulp van verschillende voorbeelden worden realistische, meetbare doelen geformuleerd en bepalen we de route die jouw cliënt op de goede weg moet helpen. Dit hoofdstuk gaat voornamelijk over wat je moet doen om jouw cliënten te stimuleren hun eigen oplossingen te zoeken, die bij hun cultuur, waarden en wereldbeeld passen. Verrassend is misschien dat we ook beschrijven hoe je het doel van de sessie bespreekt, zelfs nog voordat de sessie goed en wel begonnen is.

In hoofdstuk 3 bespreken we de tweede helft van de eerste bijeenkomst. Daarin rond je de sessie af en geef je een samenvatting van wat je tijdens de sessie hebt gehoord. Er worden suggesties gegeven voor creatieve experimenten die jouw cliënten kunnen helpen bij het verwezenlijken van hun doelen. We gaan in detail in op wat er tijdens de tweede, derde en latere sessies gebeurt. Ook bespreken we wat je moet doen als er geen vooruitgang wordt geboekt.

Elke coach krijgt af en toe te maken met moeilijke situaties, die heel veel tijd en energie kosten. In hoofdstuk 4 wordt verteld wat je moet doen met cliënten die niet vrijwillig komen, cliënten die verwikkeld zijn in een ingrijpend conflict, cliënten die willen dat wij hen helpen om degenen die hun leven vergallen te veranderen en cliënten die klem zitten tussen twee of meer even aantrekkelijke alternatieven.

Hoofdstuk 5 behandelt onderwerpen en kwesties die in coachingstrajecten minder vaak voorkomen, maar die net zo belangrijk zijn, zoals crises, noodgevallen en tegenslagen.

De voorbeelden in dit boek zijn gebaseerd op waargebeurde verhalen (waarbij de namen en omstandigheden zijn veranderd om de privacy van de betrokkenen te beschermen). Sommige korte dialogen zijn speciaal voor dit boek geschreven.

1 Aan de slag

Het gaat er bij oplossingsgericht coachen om het kort te houden. Het betreft een specifieke vorm van gespreksvoering, met de bedoeling cliënten te steunen en een goede start te geven bij hun zoektocht. Oplossingsgericht coachen is daarnaast mogelijk dankzij een gericht gesprek dat cliënten moet helpen hun doelen voor ogen te houden. Het gesprek eindigt niet na een vooraf bepaalde tijd of na een gespecificeerd aantal sessies, maar wanneer de cliënten erop durven vertrouwen dat ze de rest van de reis alleen kunnen afleggen, zonder begeleiding van de coach.

> **Praten over problemen creëert problemen – praten over oplossingen creëert oplossingen.** Steve de Shazer

Een ander belangrijk kenmerk is dat oplossingsgericht coachen gebruikmaakt van wat cliënten zelf in de coachingsrelatie inbrengen. Ze beschikken namelijk al over vaardigheden, ideeën en vele andere gereedschappen. Dat wijkt dus volledig af van de benadering waarbij gekeken wordt naar de tekortkomingen van cliënten om daar verbetering in te brengen. Omdat we vinden dat cliënten deskundig, vindingrijk en veerkrachtig zijn, en experts wat betreft hun eigen leven en werksituatie, gaat het er bij coaching om gebruik te maken van die bestaande hulpbronnen. Als je de stappen uit dit boek opvolgt, kan de coaching daarom kortdurend zijn, terwijl de uitkomst van lange duur zal zijn.

Of jouw cliënten nu een specifiek of een algemener doel voor ogen staat, de balans tussen werk en privéleven willen verbeteren, hun werknemers effectiever willen aansturen, hun carrièreperspectieven willen verbeteren of gewoon verborgen potentieel willen ontwikkelen, de meesten zullen staan te springen om aan de slag te gaan. Mogelijk zagen je cliënten zich plotseling geconfronteerd met een uit de hand gelopen situatie, bijvoorbeeld een dreigend conflict of een veel te grote werklast. Ze zullen dankbaar zijn voor jouw steun en hun best doen snel en efficiënt te werken aan het herstel van hun hulpbronnen en vaardigheden. De vaardigheden van oplossingsgericht coachen die in dit boek worden beschreven, zijn bruikbaar in talloze situaties die om een efficiënte en effectieve benadering vragen.

Ook als je een langetermijncontract hebt afgesloten voor regelmatig terugkerende coachingsessies of als je assessments doet met het oog op persoonlijke ontwikkelingsplannen, kunnen oplossingsgerichte coachingsvaardigheden jou en jouw cliënt op weg helpen. Je zult positieve resultaten zien, die ook op de langere termijn effect hebben.

Even voorstellen: Elizabeth

De 27-jarige Elizabeth kwam ons kantoor aarzelend binnengelopen, alsof ze niet zeker wist wat ze wilde en het misschien ook wel een moeilijke stap vond. Maar eenmaal over de drempel leek ze vastbesloten om door te zetten. Ze ging zitten en legde uit dat ze de stress van haar werk en collega's niet meer aankon, hoewel ze het werk zelf erg leuk vond. Ze had snel hulp nodig omdat ze vond dat ze nu lang genoeg had geleden onder de pesterijen van haar collega's. Haar prestaties leden eronder omdat ze zich niet goed kon concentreren, ze onvoldoende sliep en er elke morgen tegenop zag haar collega's weer te zien. Het hielp niet net te doen alsof het haar niets deed – dat maakte het eigenlijk alleen maar erger.

Uit het pijnlijke verslag van haar dagelijkse stress maakten we op dat ze, ondanks haar angst en de moeite die ze had elke morgen het kantoor binnen te gaan, eenmaal achter haar bureau en een stapel werk gezeten, haar collega's vergat en geconcentreerd aan het werk ging. Hoewel ze bang was dat haar leidinggevende haar binnenkort wel zou vragen waarom haar productiviteit was afgenomen, bleek vooralsnog nergens uit dat hij dat van plan was. Hij had haar daarentegen juist meer verantwoordelijkheden gegeven, waar ze natuurlijk bijzonder blij mee was. Haar kansen op de arbeidsmarkt waren geslonken omdat veel bedrijven waren ingekrompen en door fusies in andere bedrijven waren opgegaan. De situatie beangstigde haar af en toe. Ze zag zichzelf al zonder baan, zonder woning en geconfronteerd met allerlei andere rampzalige gebeurtenissen. We waren het erover eens dat deze gedachten voortkwamen uit haar angsten en dat niets erop wees dat ze op het punt stond ontslagen te worden.

Ze vertelde dat ze had proberen te achterhalen waarom haar collega's zo moeilijk deden. Ze behandelden haar alsof ze een besmettelijke ziekte had. Ze hielden op met praten zodra ze in de buurt kwam. Tijdens de gezamenlijke lunch in de kantine nodigden ze haar nooit uit om bij hen te komen zitten. Ze vroegen nooit naar haar persoonlijk leven of haar nieuwe vriend en gewoon wat kletsen was er ook niet bij. Ze vertelden ook nooit iets over wat zijzelf in het weekend of tijdens een vakantie hadden gedaan.

Volgens haarzelf was ze slim genoeg om uit te zoeken wat het probleem precies was. 'Ligt het aan mijn karakter? Ligt het aan mij?', vroeg ze zich vertwijfeld af. Had ze onbedoeld iemand beledigd? Hadden haar collega's moeite met haar culturele achtergrond? Vonden ze dat haar leidinggevende haar voortrok bij deadlines of ziekteverlof? Spanden ze tegen haar samen omdat ze jaloers waren vanwege haar vriend, die geregeld bloemen bij haar op kantoor liet bezorgen? Ze concludeerde dat dat toch al te vergezocht was. Ze hadden haar vriend, Bernard, immers nog nooit ontmoet. Misschien kwam het doordat ze sneller dan zij was doorgegroeid en dat er mogelijk nog meer promoties inzaten. Was het omdat ze beter gekwalificeerd was? Ze had immers meer financieel-administratieve opleidingen gedaan dan de andere vrouwen in het bedrijf. Haar leidinggevende deed altijd een beroep op haar als het om haastklussen ging. Ze had haar uiterste best gedaan de oorzaak van haar – of hun – probleem te vinden, maar had geen enkele aannemelijke verklaring kunnen vinden. Wat was er mis met deze vrouwen? Waarom zag haar leidinggevende niet wat ze haar aandeden?

Het verontrustte haar zeer dat ze niet wist wat ze moest doen. Er was niets aan de hand in haar persoonlijk leven. Ze had een aantrekkelijke vriend, die bijzonder attent was. Ze hadden altijd veel plezier samen. Ze hadden gemeenschappelijke interesses en waren het erover eens dat hun carrière voorging, en dat huwelijk en kinderen krijgen op de tweede plaats kwamen. De situatie op haar werk kwelde haar echter zo sterk dat langzamerhand ook de relatie met haar vriend erdoor beïnvloed werd. Het baarde haar zorgen dat hoe meer zorgen ze zich over haar werksituatie maakte, des te prikkelbaarder ze werd en hoe meer ze zich voor haar vriend afsloot. Die merkte wel degelijk dat ze geregeld afstandelijk en gepreoccupeerd was. Ze besloot hulp te gaan zoeken, want een paar maanden zelf aanrommelen had haar niet veel verder gebracht.

De meesten zullen de manier waarop Elizabeth haar problemen onderzocht als natuurlijk en bekend voorkomen. We zouden in een dergelijke situatie waarschijnlijk hetzelfde doen. We willen eerst begrijpen wat er aan de hand is en wat het probleem precies betekent. We zeggen tegen onszelf: 'Ik moet dit probleem tot op de bodem uitzoeken.' Of: 'Ik moet begrijpen wat er aan de hand is, zodat ik het probleem kan oplossen.'

TIP UIT DE PRAKTIJK

Het veranderen van één woord kan al verschil uitmaken. Vervang waaromvragen door hoe (komt dat)-vragen. Daarmee gaat het meteen over oplossingen.

Dat klinkt logisch. We doen immers hetzelfde als een broodrooster of auto het niet doet. Bij mechanische problemen hoeven we slechts de oorzaak te achterhalen om te weten wat we eraan kunnen doen. Die werkwijze wordt wel het oplossingsgerichte paradigma genoemd, maar wordt ook wel omschreven als de moderne of structurele benadering.[1]

Menselijke relaties zijn echter veel veranderlijker en minder voorspelbaar dan mechanische problemen.

Voordat we ons gaan bezighouden met coachingstrategieën en de vaardigheden die nodig zijn om de doelen van cliënten te verwezenlijken, is het misschien goed stil te staan bij de herkomst van oplossingsgericht coachen en waarom deze benadering nuttig is voor coaches.

De herkomst van oplossingsgericht coachen

De groep mensen rond Steve de Shazer en Insoo Kim Berg in Milwaukee was op zoek naar een effectieve en efficiënte therapievorm waarbij, anders dan de traditionele therapieën, het niet veel tijd zou vergen een oplossing te vinden of te creëren. Omdat ze als clinici in een klinische setting werkten en niet aan een universiteit, begonnen ze te experimenteren met wat zou kunnen werken en richtten ze zich niet op de oorzaak van het probleem. Onder invloed van het onderzoek van het Mental Research Institute van Palo Alto[2] naar cybernetica en communicatietheorie[3] experimenteerde de groep met hun kortdurende therapiemodel bij honderden cliënten met allerlei achtergronden. Met opzet richtten ze zich niet alleen op specifieke gevallen, maar accepteerden ze iedereen die werd doorverwezen of binnenkwam met werkelijke of ingebeelde levensproblemen. De Milwaukee-groep was vooral geïnteresseerd in wat werkte en niet in de problemen die mensen in hun leven belemmerden. Ze waren niet geïnteresseerd in wat niet werkte of waar het mensen aan ontbrak, maar zochten naar manieren waarop mensen oplossingen vonden. Het model werd op inductieve wijze ontwikkeld, dat wil zeggen dat het niet begon met een theorie, maar met een inductief proces om te zien wat al dan niet werkte, en niet hoe het zou moeten werken. De leercurve werd zeer steil toen ze de theorie overboord gooiden en zelfs kozen voor een 'theorie van het ontbreken van een theorie'. Het team bleef observeren en leren, en keek vooral naar wat werkte. Zo ontdekten ze dat taal een sleutelrol speelde in het veranderingsproces. Dat wil zeggen: taal is het belangrijkste hulpmiddel in relaties en bij het verwezenlijken van veranderingen. Taal wordt niet alleen gebruikt om onze gedachten te uiten. Door te praten en te luisteren, activiteiten waarvoor woorden nodig zijn, formuleren en creëren wij mensen ook nieuwe ideeën en realiseren we veranderingen.[4] Als er geen woord voor een idee bestaat, kunnen we niet spreken over het concept dat het woord zou kunnen representeren. Tegelijkertijd kunnen we met woorden ook nieuwe ideeën en beelden creëren.

Het team ontdekte dat hoe meer cliënten spraken over wat ze wilden doen, des te levendiger en opgewondener ze werden. Hoe vaker ze beschreven hoe verdrietig en overweldigd ze waren door bijvoorbeeld de werkdruk, des te depressiever ze werden en hoe meer ze het gevoel kregen hun leven niet meer in eigen hand te hebben. Het team ontdekte dat als cliënten vaker spraken over de dingen die ze in de toekomst hoopten te realiseren, ze steeds meer hoop kregen. Bovendien: hoe langer en gedetailleerder zij spraken over deze hoopvolle toekomst, des te levendiger, opgewondener en creatiever ze werden. Het omgekeerde is natuurlijk ook waar. Furman en Ahola maakten in dit verband onderscheid tussen *praten over oplossingen* en *praten over problemen*.[5]

De grondbeginselen van het oplossingsgerichte paradigma

Hoe veranderen mensen dan dankzij coaching? Van een onzeker persoon vol zelftwijfel veranderen in iemand die zelfverzekerd genoeg is om persoonlijke veranderingen door te voeren, gebeurt door er allereerst over te praten. Natuurlijk moeten er ook gedragsveranderingen plaatsvinden. Aan de hand van gesprekken wordt duidelijk hoe het uiteindelijke beeld van zelfverzekerdheid eruitziet. Vervolgens kunnen cliënten de beelden die ze al pratend samen met de coach hebben gevormd, gaan verwezenlijken. Voor het voeren van gesprekken zijn redelijk complexe vaardigheden nodig, naast voortdurend veranderende strategieën, beslissingen en tactieken om bepaalde onderwerpen te benadrukken en andere minder belangrijke terzijde te schuiven. Verschillende stembuigingen kunnen hetzelfde woord een heel andere betekenis geven. Hoe lang we doorpraten over een onderwerp, maar niet over andere onderwerpen, met hoeveel emotionele intensiteit we het ene onderwerp bespreken, dat alles beïnvloedt de betekenis van een gesprek. Een luisteraar heeft net zoveel invloed op de aard van een gesprek als de spreker.

LEZERSEXPERIMENT

Onderzoek wat je doet om ervoor te zorgen dat je effectief werkt, bijvoorbeeld tussen twee sessies in 10 minuten voor jezelf nemen of tweemaal per dag een frisse neus halen. Je zult beslist merken dat het je goed doet. Iets wat effect heeft vaker doen, vormt de grondslag van succesvolle coaching.

Omdat dit van moment tot moment veranderende selectieproces tijdens coachingsgesprekken zo snel verloopt, is het belangrijk dat elke coach inzicht heeft in zijn uitgangspunten en zijn rol, omdat deze geheel onbewust tot uitdrukking kunnen komen. Daarbij komt dat maskeren of verbergen ons niet goed afgaat. Daarom is het goed om even stil te staan bij wat coaching precies is en om de fundamentele aannamen te onderzoeken die aan ons werk ten grondslag liggen. Hieronder volgt een lijst met aannamen die is ontwikkeld door de Milwaukee-

Aan de slag

groep, die hun werk en nieuwe technieken baseren op gezond verstand en een pragmatische houding.

Als het werkt, laat het dan zo

De belangrijkste regel is dat je moet uitzoeken wat werkt, al is het maar een klein beetje en werkt het maar af en toe. Het tweede deel van deze regel betekent dat je iets wat werkt nooit probeert te repareren. Als een cliënt niet klaagt over iets wat een coach misschien als problematisch beschouwt, kun je er dus beter geen probleem van maken. Elizabeth vertelde bijvoorbeeld dat zij en haar vriend Bernard op dit moment een heel goede relatie hadden. Dat betekent niet dat dat altijd zo zal blijven. Maar op dit moment zegt ze dat er niets aan de hand is en dat er dus niets hersteld hoeft te worden.

Deze regel betekent dat we het accepteren als Elizabeth zegt dat haar leven verder heel goed is. Het enige wat niet goed is en waarbij ze hulp nodig heeft is haar relatie met haar collega's. Het zou een ernstige fout zijn als de coach aanneemt dat hij het beter weet dan Elizabeth en haar relatie met Bernard onder de loep gaat nemen. Het zou een ernstige fout zijn een probleem te zoeken dat de cliënt niet ziet en de cliënt ervan proberen te overtuigen dat er een potentieel probleem is.

Als iets ooit effect had, doe het dan vaker

Wat jij of de cliënt ook doet, als je doorkrijgt dat het ooit effect had, zoek dan een mogelijkheid om het te herhalen. Elizabeth merkte bijvoorbeeld dat als ze eenmaal de lijst met taken had doorgenomen en de stapel werk bekeek, ze het probleem met haar collega's vergat en geconcentreerd kon werken. Het is dus belangrijk om precies te achterhalen wat Elizabeth allemaal doet om haar concentratie te bewaren, om dat vervolgens te herhalen, zodat ze steeds langer onbekommerd doorwerkt.

Deze regel is heel gemakkelijk op coaching toe te passen. Kijk wat je in je praktijk doet dat effectief is, bijvoorbeeld tussen sessies telkens 10 minuten voor jezelf reserveren of tweemaal per dag buiten een luchtje scheppen. We zijn er zeker van dat je talloze dingen zult ontdekken die jij of jouw cliënten doen. Als je hen ertoe krijgt die dingen nog eens te doen, is dat een goed uitgangspunt voor coaching, omdat je cliënten er niet alleen door gesterkt worden, maar omdat ze zich ook anders gaan voelen dan nu, nu ze het gevoel hebben dat hun leven niet verloopt zoals ze willen.

Als het niet werkt, doe dan iets anders

Hoe weet je dat jij of jouw cliënt iets doet wat niet werkt en het tijd is iets anders te gaan doen? Misschien zeg je tegen jezelf of zegt je cliënt wanhopig tegen je: 'Ik heb alles geprobeerd, maar niets werkt!' 'Ik heb het gevoel steeds maar in rondjes te blijven draaien' 'Ik kan er niet meer tegen!' Of: 'Ik ben aan het eind van mijn Latijn!' Dat betekent dat jij of jouw cliënt alles heeft geprobeerd. Je moet jezelf en je cliënt serieus nemen, ophouden met waar je mee bezig was en even een adempauze nemen. Het is tijd om iets nieuws te proberen.

Weet je wat je *niet* moet doen? Het is net zo belangrijk om te weten wat je niet moet doen als wat je wel moet doen. Als we dit aan cliënten vertellen, reageren ze gewoonlijk met: 'Wat dan? Wat moet ik anders doen?' Niet zo snel. We moeten eerst even diep ademhalen alvorens we kunnen uitzoeken wat cliënten doen dat ze niet langer moeten herhalen omdat het niet werkt. Menselijke interactie verloopt via voorspelbare patronen. Daarom moet je uitzoeken wat cliënten doen dat voorspelbare resultaten oplevert. Iets anders doen betekent iets *heel* anders doen en daarvoor moeten we buiten de vaste kaders treden. In hoofdstuk 4 gaan we hier dieper op in als problematische coachingsituaties aan de orde komen.

Verandering is constant en onvermijdelijk

Als we naar bepaalde aspecten van ons leven kijken, zien we dat er voortdurend en onvermijdelijk verandering plaatsvindt. De meeste mensen willen liever dat het leven stabiel en voorspelbaar is, maar het verandert voortdurend. Geen twee dagen zijn precies gelijk omdat we vandaag niet exact dezelfde persoon zijn als gisteren. Misschien hebben we iets nieuws geleerd wat we gisteren nog niet wisten en hebben we morgen een nieuwe ervaring die licht verschilt van vandaag. Wat hebben wij coaches aan deze wetenschap? We kunnen bijvoorbeeld op zoek gaan naar de kleine veranderingen die cliënten al in hun leven hebben aangebracht voordat ze naar ons toekwamen. Ze zijn zich deze kleine veranderingen al dan niet bewust, maar ze weten in elk geval iets meer over hun situatie dan ze gisteren wisten. Voor veel cliënten is het al een hele verandering als ze de telefoon pakken en jou bellen voor een afspraak: ze doen iets aan hun frustratie. Als we werkelijk geloven dat verandering onvermijdelijk is, dan heeft dat belangrijke gevolgen voor ons werk. Aangezien cliënten in elk geval veranderen, in positieve of negatieve zin, is het onze taak hen te helpen zoeken naar positieve veranderingen, zodat ze daarop kunnen voortbouwen. In hoofdstuk 2 zullen we beschrijven hoe je dat doet.

De toekomst is onderhandelbaar en wordt geschapen

Wat iemand ook heeft gedaan, het is belangrijker om erachter te komen wat hij nog wil doen. Veel mensen gaan ervan uit dat als iemand een criminele achtergrond heeft – ook al gaat het om een klein vergrijp – hij altijd een crimineel zal zijn. Het is belangrijk dat je gelooft dat alle cliënten kunnen veranderen, ook al was hun verleden niet zo vrolijk of rooskleurig. Mensen zijn geen slaaf van hun verleden. We kunnen kiezen en beslissingen nemen met betrekking tot onze toekomst, ook al hebben we een problematisch verleden. En wat we vandaag zijn, is niet altijd het resultaat van wat er gisteren met ons is gebeurd. Daarom moet een coach voortdurend zoeken naar manieren om het beste te maken van wat een cliënt inbrengt en dient hij steeds op zoek te gaan naar maximale positieve resultaten.

Kleine oplossingen kunnen tot grote veranderingen leiden

In het algemeen wordt gedacht dat een groot, moeilijk en complex probleem ook om een enorme verandering vraagt, die veel tijd vergt. Een dergelijke visie kan een coach en diens cliënt verlammen, waardoor ze zich hulpeloos en overweldigd kunnen voelen. Denk maar aan de kleine sneeuwbal die van een besneeuwde helling rolt. Je moet zorgen dat je niet in de weg staat, want hoe langer en hoe verder hij rolt, des te groter en steviger hij wordt. Bij oplossingsgericht coachen is het vaak de bedoeling de kleine sneeuwbal aan het rollen te krijgen, om er vervolgens voor te zorgen niet in de weg te staan als hij groter en groter wordt. Dat wil zeggen dat je niet mag ingrijpen. Soms duurt het wat langer of wijkt de bal af van het rechte en smalle pad, maar hij zal uiteindelijk zijn doel bereiken.

Problemen en oplossingen zijn niet altijd direct aan elkaar gerelateerd

Deze gedachte zal veel coaches verrassen en als tegenintuïtief in de oren klinken. Ons verrast ze eveneens, ook al werken we al twintig jaar met deze benadering. Ze druist in tegen alle kennis en ervaring die we gedurende jaren hebben verworven. Volgens het probleemoplossingsparadigma moet er een logisch en duidelijk verband bestaan tussen problemen en oplossingen. Heel vaak is dat ook het geval.

Maar in veel situaties gaat deze redenering niet op. Te veel uitzonderingen vragen om een nader onderzoek en mogen niet zomaar genegeerd worden. Zoals we verderop aan de hand van voorbeelden zullen laten zien, komt het geregeld voor dat oplossingen alsmaar niet blijken te werken. Dan kan het een heel goed idee zijn om iets heel anders te gaan doen, hoe bizar dat aanvankelijk ook schijnt. Iets idioots werkt soms beter dan een logische en redelijke oplossing, die alleen maar tot meer frustraties en wanhoop leidt. Kennelijk is de menselijke logica niet zo onfeilbaar als we geneigd zijn te denken.

Geen enkel probleem doet zich de hele tijd voor

De ontdekking van dit feit in de vroege jaren tachtig kwam als een verrassing voor het Milwaukee-team. Zo had Elizabeth bijvoorbeeld geen enkel probleem om zich te concentreren zodra ze achter haar bureau ging zitten en dacht ze soms tijdenlang niet aan haar problemen als ze zich op haar werk concentreerde. Eerst waren we hierdoor verrast. We kwamen er al snel achter dat dergelijke uitzonderingen bij de meeste cliënten voorkomen. Als ze zo slecht kon opschieten met haar collega's, hoe kon het dan dat ze zo'n geweldige vriend had, die gek op haar was? Hoe komt het dat haar leidinggevende haar zo waardeerde dat hij haar meer verantwoordelijkheden gaf?

We kwamen erachter dat uitzonderingen verband hielden met verschillende locaties, rollen, taken, mensen of zelfs verschillende momenten gedurende de week. Hoe komt het bijvoorbeeld dat mensen die heel lastig zijn op kantoor, goede vrienden hebben uit hun jeugd of de buurt? Veel stellen die nauwelijks met elkaar overweg lijken te kunnen vertellen vaak dat als ze met een ander stel uitgaan, ze onderling en met hun vrienden geen enkel probleem hebben. Iemand die lastig lijkt, kan in een andere sociale context een bijzondere vriend zijn.

Stel cliënten vragen, maar vertel hun niet wat ze moeten doen

Vragen maken deel uit van elk coachingsmodel, maar bij oplossingsgericht coachen beschouwen we vragen als het belangrijkste communicatie-instrument en zullen we de cliënt nauwelijks uitlokken of ergens direct mee confronteren. Vragen stellen is zowel een primaire communicatiemethode als een interventie.

Geef complimenten

Complimenten maken een essentieel deel uit van de oplossingsgerichte benadering. Bekrachtigen wat cliënten al goed doen en erkennen hoe moeilijk hun problemen zijn, zal cliënten tot verandering aanzetten en tegelijkertijd blijk geven van de betrokkenheid van de coach. Complimenten kunnen hetgeen de cliënt goed doet benadrukken en bevestigen.

> **TIP UIT DE PRAKTIJK**
>
> Maak gebruik van verandering. Wij coaches moeten op zo positief mogelijke wijze gebruikmaken van veranderingen die cliënten hebben bewerkstelligd. Geef zachtjes een duw in de goede richting.

Zodra een coach een positieve en begripvolle sfeer heeft geschapen – dankzij complimenten en positieve betrokkenheid – en doordat er uitzonderingen op het probleem boven tafel zijn gekomen, kan hij de cliënt er zachtjes toe aanzetten meer te doen van hetgeen eerder heeft geholpen, zodat de cliënt gaat proberen de gewenste veranderingen door te voeren. Omdat deze suggesties gebaseerd zijn op hun eigen ervaringen en ideeën, zullen cliënten sneller geneigd zijn deze uit te proberen en gebruik te maken van wat in het verleden heeft gewerkt.

Hoe mensen veranderen

Bij coaching gaat het erom veranderingen te bewerkstelligen in ideeën en gedrag. Elizabeth wil niet langer het slachtoffer van haar collega's zijn, maar iemand die zich bij hen op haar gemak voelt. Omdat het gaat over het veranderen van mensen, zullen we even moeten stilstaan bij de wijze waarop veranderingen zich voltrekken. Veel mensen willen net als Elizabeth begrijpen wat hun probleem is, ook al weten ze dat begrip alleen niet voldoende is om verandering in gang te zetten. Er moet een soort zichtbare aanwijzing zijn in de vorm van waarneembaar gedrag dat veranderd is.
Veel mensen gaan ervan uit dat iemand van binnenuit verandert, dat er als het ware interne veranderingen in gedachten en gevoelens plaatsvinden, waarna gedrags-

verandering zal volgen. Misschien is dat waar. Maar mogelijk is het ook zo dat uiterlijke veranderingen innerlijke veranderingen kunnen bewerkstelligen. Als we accepteren dat beide benaderingen waar kunnen zijn, zullen we flexibeler worden, zodat we kunnen werken met cliënten die geneigd zijn tot innerlijke verandering én cliënten die neigen tot externe veranderingen. Cliënten zoals Elizabeth, die weliswaar introspectief van aard is, willen dat er onmiddellijk iets gebeurt. Soms gaat actie aan inzicht en begrip vooraf. Je zult dat in je leven ongetwijfeld wel eens hebben meegemaakt. Totdat het ter sprake kwam had Elizabeth bijvoorbeeld niet door dat zodra ze achter haar bureau gaat zitten en in haar werk duikt, ze zich prima op haar werk kan concentreren en zelfs de problemen met haar collega's kan vergeten.

We hebben het dus niet alleen over de interactie tussen geest en lichaam, maar ook steeds meer over de interactie tussen lichaam en geest. We willen benadrukken dat het gaat om die dualiteit. Als we alleen uitgaan van een enkelzijdige, lineaire opvatting van verandering, dan zouden we wel eens heel lang moeten wachten voor er veranderingen optreden bij mensen die anders in elkaar zitten dan wijzelf. Gedragsveranderingen kunnen de oorzaak zijn van veranderingen van gevoelens, terwijl verandering van gevoelens ook tot gedragsverandering kan leiden. Veranderingen in perceptie en cognitie kunnen ook leiden tot veranderingen in gevoelens en gedrag. Als we weten hoe we met de dualiteit van het menselijk functioneren moeten omgaan, zullen we flexibeler worden, waardoor we veel meer cliënten kunnen bereiken. Zodra iemand een kleine verandering bewerkstelligt, zal alles er vanuit dit veranderde perspectief anders uitzien.

Aannamen over mensen

Dat wat we automatisch en intuïtief doen, is gebaseerd op jarenlange ervaringen die ons vertellen wat we redelijkerwijs kunnen verwachten. We gaan er daarom van uit dat de verkeerslichten werken, dat als het herfst is de blaadjes van de bomen vallen en dat we op de steun van vrienden kunnen vertrouwen. Totdat we opschrikken door een onverwachte verandering en we beseffen dat het leven niet altijd zo voorspelbaar is.

Het kan heel nuttig zijn herinnerd te worden aan aannamen die aan ons werk ten grondslag liggen en om precies te weten wat onze standpunten zijn ten aanzien van onze cliënten. Onze basisaannamen zijn immers heel helder en we zijn, als beroepsgroep, niet erg goed in het verbergen van onze aannamen. Als we geconfronteerd worden met moeilijke, onduidelijke en onbekende omstandigheden, laten we ons snel leiden door onze principes en niet alleen door onze emoties. Wat jouw cliënt bijvoorbeeld heel voor de hand liggend vindt, kan op ons duister en onduidelijk overkomen. Onze vaste richtlijnen en aannamen laten ons dan zien hoe we bepaalde vragen moeten formuleren en hoe we moeten reageren op de vreemde omstandigheden. We menen dat de hieronder weergegeven ideeën het fundament vormen van professionele coaching. Als een coach deze aannamen over zijn cliënten omarmt, zal hij het makkelijker vinden de goede intenties te zien die schuil kunnen gaan achter wat als onacceptabel gedrag en onaanvaardbare ideeën beschouwd wordt. Daardoor kunnen we sneller en effectiever contact maken met cliënten.

Bekijk de volgende lijst nauwkeurig en ga na of je het met de stellingen eens bent of niet. Zo niet, dan kun je kijken hoe je de betreffende items zou kunnen aanpassen. Tot het tegendeel blijkt, gaan we ervan uit dat cliënten:
- onder zeer moeilijke omstandigheden hun uiterste best doen
- zich hechten aan de ideeën die ze krijgen
- zich moreel juist, welgemanierd, beleefd en eerlijk willen gedragen en hun leven willen verbeteren
- goed willen kunnen opschieten met anderen, zoals cliënten en collega's
- geaccepteerd willen worden en deel willen uitmaken van een groep
- hun eigen leven en dat van hun naasten willen verbeteren
- willen zorgen voor mensen die belangrijk voor hen zijn en door hen verzorgd willen worden
- een waardevolle erfenis willen achterlaten en een positieve bijdrage aan de wereld willen geven
- door anderen gerespecteerd willen worden en anderen willen respecteren.

Wat je moet zeggen en hoe je dat doet

Cliënten hebben je hulp om uiteenlopende redenen nodig en natuurlijk hebben ze ook allerlei ideeën over wat er zou kunnen gebeuren. Je hebt geen invloed op wat cliënten over coaching of over jou te horen krijgen, net zo min als je hun verwachtingen ten aanzien van de effecten van coaching kunt beïnvloeden. Daarom is het goed daarachter te komen door te vragen hoe ze bij jou terecht zijn gekomen.

Misschien wil je wel eerst al het papierwerk afhandelen voordat je met de sessie begint. Ook dat kan op verschillende manieren. Sommige coaches geven er de voorkeur aan de intakeformulieren voor de eerste sessie naar de cliënt op te sturen, samen met een eenvoudige brochure over de gang van zaken, het honorarium, relevante achtergrondgegevens, kwalificaties en een routebeschrijving. Het is redelijk ervan uit te gaan dat de cliënt het veranderingsproces al heeft ingezet doordat hij jou gebeld heeft. Zo heeft Elizabeth op een morgen de telefoon gepakt en een afspraak gemaakt omdat ze de dagelijkse kwellingen en stress van haar werk niet langer accepteerde. Dat kan als een aanzet tot verandering aangemerkt worden. Ze besloot iets aan de onhoudbare situatie te doen en niet aan te blijven modderen, zoals ze al zes maanden had gedaan. Door de telefoon te pakken, heeft ze de slachtofferrol doorbroken en geprobeerd haar leven op kantoor weer in eigen hand te nemen. Zo beschouwd is haar beslissing om te bellen de eerste stap in een belangrijk veranderingsproces.

Socialiseren

Het is goed eerst even de tijd te nemen kennis te maken met je cliënt. Dat kan op allerlei manieren. Maar sommige cliënten staan onder zoveel druk dat ze geen tijd (of geen zin) hebben voor wat inleidend gepraat. Ze willen meteen tot de kern van de zaak komen. Pas je aan aan de behoefte van de cliënt; aan het einde van de sessie kun je altijd nog naar de ontbrekende informatie vragen.

VRAAG UIT DE PRAKTIJK

'En de achterliggende oorzaken dan? Daar lijk je niet veel aandacht aan te schenken.'
Wij denken dat er aan veel gedragingen achterliggende oorzaken ten grondslag liggen. Die vormen echter geen belemmering voor ander, positiever gedrag. We hebben ondervonden dat als cliënten erin slagen iets te doen wat hen dichter bij hun doelen brengt, de meeste achterliggende oorzaken geen rol van betekenis meer spelen.

Het lijkt misschien zinloos en zonde van de tijd, maar je zult veel informatie verkrijgen als je heel simpel vraagt wat je cliënt doet. 'Hoe lang doe je dit werk al?' 'Nou, dat lijkt me technisch heel ingewikkeld werk.' 'Heb je hiervoor een universitaire studie moeten doen?' Met dergelijke vragen geef je de cliënt gelegenheid zichzelf te complimenteren. Zo kom je ook achter de successen en prestaties van de cliënt. Cliënten wordt het zo duidelijk dat je niet alleen in hun problemen bent geïnteresseerd, maar ook een beeld wilt krijgen van de rest van hun leven.

Je volgende vraag zou kunnen zijn: 'Ben je goed in wat je doet?' Dat vestigt meteen de aandacht op vakbekwaamheid en ervaring. De vraag 'Vindt je leidinggevende dat je goed werk levert?', geeft jou informatie over de situatie op het werk en over hoe anderen hem beoordelen. Zo kom je er bijvoorbeeld achter of je cliënt het eens is met het oordeel van zijn leidinggevende over zijn vakbekwaamheid.

Je kunt een sessie ook beginnen zoals Steve de Shazer dat doet. Hij vraagt: 'Hoe breng je je tijd door?' Deze simpele, duidelijke vraag geeft jou direct allerlei bruikbare informatie over de cliënt. Cliënten geven bijvoorbeeld aan dat ze tijd tekortkomen, hetgeen veel stress oproept, of dat ze juist veel tijd over hebben. Anderen beschrijven uitgebreid hun dagelijkse routine, waardoor je een totaalbeeld krijgt van hun leven.

Klachten omzetten in een bespreking van doelen

Laat je cliënt over al zijn klachten vertellen. Zo kom je meer te weten over wat er wel en niet goed gaat en wat er dus moet veranderen. Aan de andere kant moet je ook weer niet te lang bij klachten en problemen stilstaan, want dan wordt het moeilijker om over te stappen op het gewenste resultaat van de coaching. Alle klachten of problemen dragen een kiem van een oplossing in zich, afhankelijk van de manier waarop je besluit erop te reageren. Kijk eens naar de volgende dialoog.

Elizabeth: Ik vind het echt ongelooflijk vervelend wat er op mijn werk gebeurt.
Coach: Aha. Je bent op zoek naar een oplossing voor de problemen op je werk.

Wat zou er gebeurd zijn als de coach had gezegd: 'Vertel eens wat meer over je problemen op je werk'? Je kunt je vast gemakkelijk voorstellen wat voor soort gesprek er dan volgt: er zal vooral over heel veel problemen gepraat worden en oplossingen zullen nauwelijks aan bod komen. Daarom is de vorm waarin we de vraag gieten van groot belang. De vraag kan een uitnodiging zijn voor een lang gesprek over problemen, een verzoek meer te vertellen over de wijze waarop de coachingsessie in het leven van de cliënt ingepast kan worden of over de stress die het probleem veroorzaakt. In de volgende dialoog stuurt de coach het gesprek meer in de richting van oplossingen.

Elizabeth: Ja, het zit me zo ontzettend dwars dat ik er zelfs tegenop zie naar mijn werk te gaan en mijn collega's weer tegen te komen.
Coach: Volgens mij wil je kijken hoe je de relatie met je collega's kunt verbeteren.
Elizabeth: Ik weet niet of dat ooit nog goed komt. Maar ik wil er wel zeker van zijn dat ik niet meer zo overstuur raak dat mijn werk in gevaar komt. Ik wil mijn baan graag houden.
Coach: Natuurlijk. Het klinkt alsof je het belangrijk vindt je baan te behouden en dat je graag beter met je collega's wilt kunnen opschieten.
Elizabeth: Ik weet niet of dat mogelijk is, maar ik wil dolgraag uitzoeken of ik allebei kan realiseren.

Je ziet dat de cliënt geleidelijk aan steeds meer bruikbare informatie geeft over wat zij belangrijk vindt.

Uitzoeken wat de cliënt belangrijk vindt

Slechts in enkele gevallen komt de coach er snel achter wat de cliënt belangrijk vindt. Bijvoorbeeld doordat de cliënt er zelf direct over begint en vastbesloten is iets te veranderen. Als we ons laten leiden door wat cliënten belangrijk vinden, is de kans groter dat ze de noodzakelijke veranderingen willen doorvoeren om hun doelen te bereiken. Zoals we allemaal weten, wil ieder mens zijn eigen oplossingen realiseren en niet slechts blindelings de ideeën van anderen volgen. De stappen die cliënten zetten moeten zin hebben, anders steken ze er geen tijd en energie in. Als de cliënten dus zelf voorstellen welke noodzakelijke stappen er gezet moeten worden, dan zullen ze zich meer inzetten hun doel te bereiken en daar ook trots op zijn.
Tegelijkertijd is het ook belangrijk je cliënten te helpen zelf plannen te maken om hun ideeën te verwezenlijken. Tijdens de supervisiebijeenkomsten, consulten en workshops die wij leiden, horen we de deelnemende coaches vaak dingen

zeggen als: 'Het frustreert me enorm. Ik heb mijn best gedaan te achterhalen wat Gary belangrijk vond. Hij zei dat hij de noodzakelijke veranderingen zou doorvoeren, maar hij heeft helemaal niets gedaan!' Heb je ook soortgelijke ervaringen, geef je cliënt dan niet de schuld, maar zoek zorgvuldig uit of jij de cliënt geholpen hebt zijn eigen plan te maken voor het realiseren van zijn doelen. Een cliënt heeft vaak behoefte aan een gedetailleerd plan. Omdat de cliënt de expert is wat betreft zijn eigen leven, kan hij het beste de beslissing nemen om links- dan wel rechtsaf te slaan en te beoordelen of hij dichterbij zijn doel is gekomen. De coach heeft de kennis die nodig is voor het opstellen van een plan. We zullen laten zien hoe je deze kennis kunt ontwikkelen.

Uitzoeken wie belangrijk is voor de cliënt

Het is ook belangrijk uit te zoeken op wie de cliënt een beroep kan doen voor steun. Voor sommige mensen zou een goede relatie met een vriend bijvoorbeeld al voldoende kunnen zijn. Maar Elizabeth vindt een goede relatie met haar vrouwelijke collega's echter heel belangrijk. Als we eenmaal doorhebben hoe belangrijk dat voor haar is, kunnen we er onmiddellijk aandacht aan besteden en goed naar haar luisteren om te achterhalen wie belangrijk voor haar is. Vervolgens moeten we bepalen welke positieve uitwerking dit op haar heeft. We moeten er niet zomaar van uitgaan dat we weten wat het betekent om goed overweg te kunnen met collega's. We zullen moeten doorvragen om te zien hoe een goede relatie met collega's er voor haar uitziet en wat dat bij haar zelf zal veranderen. Gewone en veelgebruikte woorden als 'goed met anderen kunnen opschieten' kunnen heel uiteenlopende dingen betekenen voor verschillende mensen. Voor sommigen betekent het bijvoorbeeld dat ze anderen elke morgen met een glimlach op het gezicht goedemorgen wensen om ze vervolgens 's avonds weer even vriendelijk gedag te zeggen. Met andere woorden, de een vindt de afwezigheid van een openlijk conflict belangrijk, terwijl een ander heel andere eisen zal stellen. We moeten Elizabeth dus vragen: 'Wat zal er tussen jou en je collega's gebeuren waaruit je kunt opmaken dat je goed met hen kunt opschieten, dat je je op je gemak voelt en zonder tegenzin naar je werk gaat?' Of: 'Waaraan zou je kunnen zien dat je goed met hen kunt opschieten, wat anders is dan nu?' Als je zulke specifieke vragen stelt, kun je er zeker van zijn dat Elizabeth weet naar welke aanwijzingen ze moet zoeken om na te gaan of zij en haar collega's goed met elkaar overweg kunnen. We komen er misschien op den duur wel achter wat belangrijk voor haar is, maar als we er niet expliciet naar vragen zullen we dat nooit zeker weten.

Om uit te zoeken wat belangrijker voor haar is – haar baan behouden of een goede relatie met haar collega's – kunnen we haar altijd vragen ons meer te vertellen, zodat we haar kunnen helpen bij het zoeken naar de oplossing. Bekijk de volgende dialoog eens.

Coach: Wat vind je belangrijker: je baan houden of goed opschieten met je collega's?
Elizabeth: Mijn baan behouden is zeker het belangrijkst. Ik heb nog nooit zo'n goede baan gehad. Mijn baas geeft me veel verantwoordelijkheden en stelt me in de gelegenheid zelf beslissingen te nemen. Hij let niet voortdurend op wat ik doe, wat vorige bazen wel deden.
Coach: Zo te zien vind je het leuk uitdagingen aan te gaan, beslissingen te nemen en te weten dat je je werk goed doet.
Elizabeth: Zeker. Dit is de eerste leidinggevende die me echt vertrouwt. Daarom is het belangrijk voor mij niet achterop te raken en productief te blijven.

Het begint nu al wat duidelijker te worden wat Elizabeth belangrijk vindt. Namelijk niet alleen haar baan behouden, maar ook haar zelfstandigheid, beslissingsbevoegdheid en verantwoordelijkheid. Nu leren we Elizabeth al wat beter kennen.

Duidelijkheid over de doelen

Het komt vaker voor dat cliënten die net zo mondig en hoogopgeleid zijn als Elizabeth een coachingspraktijk binnenstappen zonder dat ze een duidelijk beeld hebben van wat ze willen bereiken. Als dat wel zo was hadden ze ons waarschijnlijk niet nodig – ze zouden immers al weten wat ze moeten doen. Het is daarom de moeite waard uitgebreid in te gaan op wat de cliënt voor ogen staat, voordat het echte coachingsproces start. We hebben ervaren dat zelfs zeer intelligente, goed gemotiveerde en hoogopgeleide cliënten veel hulp nodig hebben bij het zoeken naar indicaties die erop wijzen dat hun doelen zijn verwezenlijkt. Als het probleem pijnlijk of ingewikkeld is, is het heel natuurlijk om te gaan zoeken naar een snelle oplossing.

Aan de slag

> **TIP UIT DE PRAKTIJK**
>
> Wees vanaf het begin duidelijk over jouw honorarium. Leg uit dat de cliënt vanaf de eerste sessie moet betalen. Stel eventueel voor om de eerste sessie pas te betalen als hij nuttig is geweest.

Luister naar het volgende gesprek over het onderscheid tussen de aanwezigheid van oplossingen en de afwezigheid van problemen.

Coach: Wat verwacht je van deze bijeenkomst? Wat moet er hier gebeuren zodat je kunt zeggen dat je komst de moeite waard is geweest?
Cliënt: Ik weet niet goed wat ik daarop moet zeggen. Ik weet alleen dat ik enorm gestrest ben door alles wat er gebeurt. Ik heb rust nodig, lijkt me. Het is een moeilijk jaar geweest. Mijn productiviteit is gedaald en ik krijg niet zoveel voor elkaar als ik zou willen.
Coach: Wat zou er het eerst moeten veranderen, zodat je kunt zeggen dat je weer licht aan het eind van de tunnel begint te zien?
Cliënt: Met die vraag sla je de spijker op zijn kop: ik heb het gevoel dat ik al heel lang in een lange donkere tunnel zit waar maar geen einde aan lijkt te komen.
Coach: Dus je wilt productiever zijn en het gevoel hebben dat je iets presteert.
Cliënt: Precies. Ik wil productiever worden en echt iets tot stand brengen.
Coach: Laten we even veronderstellen dat je het gevoel hebt dat je iets presteert. Hoe je dat voor elkaar krijgt, weten we nu nog niet. Waaruit kun je opmaken dat je productief bent?
Cliënt: O, dat is niet zo moeilijk. Ik denk dat ik 's morgens geen moeite zal hebben met opstaan. Ik zal met plezier naar kantoor gaan en me goed kunnen concentreren op mijn werk. Ik zal niet treuzelen, niet steeds mijn e-mail checken of kletsen met mijn collega's.
Coach: Juist. Wat zou je dan doen?
Cliënt: Ik zal de nodige research doen, hoe saai dat soms ook is. Ik zal een interessante trend vinden in de manier waarop klanten online bankieren en ontdekken hoe we hen kunnen stimuleren nog meer online te gaan bankieren. Ik weet dat ik creatief genoeg ben. Alleen moet ik weer toegang krijgen tot mijn creativiteit.

Zoals je ziet, is het belangrijk dat de coach volhardt en de cliënt blijft vragen naar wat deze als resultaat wenst. We willen hier er nog eens op wijzen dat oplossingsgericht coachen een zeer doelgerichte activiteit is en dat het essentieel is te weten wat de uitkomst van het gesprek tussen coach en cliënt moet zijn.

Halverwege doelen wijzigen

Coaches in opleiding vragen ons soms wat ze moeten doen om hun doelen aan te passen. En ze vragen zich af wat ze moeten doen als cliënten van gedachten veranderen en met nieuwe doelen komen. Dat is niet verbazingwekkend – het gebeurt ook ervaren coaches.

Een cliënt legde het als volgt uit: 'Toen ik bij jou begon was het behoud van mijn baan het belangrijkste, maar nu die kwestie geregeld lijkt te zijn, besef ik dat ik niet eens doorhad dat ik niet productief en creatief was in mijn werk. Nu moet ik dus daarmee aan de slag.' Dat is een heel natuurlijke gang van zaken. Vervolgens wordt met de cliënt bepaald wat het nieuwe doel wordt. Behoud van een baan is een concreet doel, dat sterk afhankelijk is van een toezegging vanuit het bedrijf dat de cliënt zijn baan zal behouden. Het is niet moeilijk om vast te stellen of zo'n concreet doel is behaald of niet.

Doelen als 'creatiever' of 'productiever willen zijn' zijn echter een stuk vager en hebben te maken met psychische aspecten. Daarom zijn ze niet echt te meten. De coach moet dus opnieuw met de cliënt gaan overleggen over het doel, en zal daarbij moeten vaststellen welk waarneembaar gedrag als 'creatief' aangemerkt kan worden. Dan kan het bijvoorbeeld gaan om andere mensen die opmerkingen maken over de creativiteit van de cliënt of om een ander teken dat zichtbaar is voor belangrijke mensen uit de omgeving van de cliënt. Een dergelijk gesprek over de details van doelen zou er als volgt uit kunnen zien:

Coach: Stel dat je creatiever wordt. Hoe zou je kunnen zien dat dat het geval is?
Cliënt: Doordat ik graag naar mijn werk zou gaan. Ik zou me erop verheugen, me heel sterk concentreren op wat ik deed en niet snel afgeleid zijn. Ik zou allerlei ideeën uitproberen en het geweldig vinden dat ik zoveel ideeën had. Het werk zou me ook volstrekt niet zwaar vallen.
Coach: Veronderstel dat je opgetogen raakt over al die ideeën. Wat zouden je collega's aan je merken, wat zou je anders doen dan ze gewend zijn? Waaruit zouden ze kunnen opmaken dat jij heel creatief bent?

Cliënt: Sommige van mijn collega's hebben dat al eerder bij me gezien. Ik word heel rustig en kan me heel sterk concentreren. Ze weten dat ze me met rust moeten laten en me niet lastig moeten vallen, omdat ik hen dan vaak helemaal niet hoor als ze iets tegen me zeggen. Ze hebben dan door dat ik met iets heel opwindends en creatiefs bezig ben. Als ik afgeleid word, kan ik mijn hoofd er niet meer bijhouden en ga ik mijn collega's lastigvallen. Die gaan zich dan aan me storen.

Als duidelijk is wat het resultaat van de sessie moet zijn, blijken de meeste cliënten heel goed in staat te bepalen welke stappen ze moeten zetten om dat resultaat te bereiken. Het is ook belangrijk dat de coach weet wanneer en onder welke omstandigheden de inspanningen van de cliënt niet het gehoopte resultaat hebben opgeleverd. Stel een vraag als: 'En, hoe is het gegaan? Ik doel op het feit dat je zo van je stuk werd gebracht.' Uit het antwoord zal blijken wat je in elk geval niet moet aanraden.
Daarom moet een coach eerst een snelle inschatting maken van wat en wie belangrijk is voor de cliënt. Dat levert belangrijke informatie op waaruit de coach kan opmaken wat de cliënt anders moet gaan doen. Als de cliënt het gevoel krijgt dat hij gerespecteerd, geaccepteerd en begrepen wordt, zal er snel een goede werkrelatie ontstaan tussen de coach en de cliënt.
In de volgende paragraaf gaan we verder met het verhaal van Elizabeth en zullen we ingaan op de details van de oplossingen waaruit de cliënt en de coach kunnen opmaken dat ze hun doel hebben bereikt.

Een gedetailleerde routebeschrijving maken

Zoals we al eerder aangaven moet een routebeschrijving voor een coachingstraject cliënten niet alleen tonen hoe en waar ze moeten beginnen, maar ook duidelijk maken waar ze van de weg moeten afwijken en wanneer ze op hun bestemming zijn aangekomen. We gaan nu weer terug naar Elizabeth en laten zien hoe bepaald werd welke route zij moet volgen. Dat kunnen we het beste doen aan de hand van de gesprekken die Elizabeth met haar coach heeft gevoerd.

Coach: Ik wil graag even terugkomen op wat je eerder zei. Je gaf aan dat je je baan wilde behouden en dat je tegelijkertijd de relatie met je collega's wilde verbeteren.

Elizabeth: Dat wil ik inderdaad. Ik denk niet dat ik daarmee te veel vraag. Dat moet toch allebei mogelijk zijn.

Coach: Laten we dus aannemen dat beide mogelijk is. Het lijkt erop dat een ervan al gerealiseerd is: je hebt de baan en je leidinggevende geeft je meer verantwoordelijkheden en een grotere zelfstandigheid. Hij denkt dat je het er goed zult afbrengen.

Elizabeth: Daar heb ik ook alle vertrouwen in. Als jij me nou met het tweede deel wilt helpen ... daar loop ik dus vast.

Coach: Daar lijkt het inderdaad op. Laten we eens aannemen dat het probleem met je collega's op de een of andere manier is opgelost. Hoe weet je dat je beter met je collega's kunt opschieten? Wanneer kun je zeggen: 'Hé, ik kan goed met ze overweg'? Wat zou erop wijzen dat dat het geval is?

Elizabeth: Zoals ik al zei wil ik alleen maar dat ze wat vriendelijker tegen me zijn. Ze hoeven echt niet van me te houden, ze moeten alleen maar aardig tegen me zijn, af en toe wat met me kletsen en misschien met me lunchen.

Coach: Dergelijke dingen zijn belangrijk en zorgen voor een goede werksfeer.

Elizabeth: Ja, precies. Ik ben nu eenmaal een sociaal mens. Ik wil niet behandeld worden alsof ik een of andere besmettelijke ziekte heb.

Coach: Laten we aannemen dat je een goede relatie met je collega's hebt. Wat voor verschil zou dat voor jou maken?

> **LEZERSEXPERIMENT**
>
> Stel je voor dat jij de coach van Elizabeth bent. Bekijk alle informatie die je tot nu toe verzameld hebt. Hoe kijk je nu tegen haar aan? En hoe zou je haar beoordelen als je aanneemt dat alle genoemde aspecten echt waar waren?

Een eerste cruciale stap bestaat eruit dat je de verbeeldingskracht van de cliënt aanspreekt met betrekking tot de details van de oplossing. Elizabeth heeft het nog vooral over wat ze mist en niet over wat ze liever wil. Met andere woorden, er is alleen sprake van een echte oplossing als de details van de routebeschrijving bekend zijn. Het is daarom belangrijk dat de cliënt zich de oplossing ook daadwerkelijk probeert voor te stellen.

Aan de slag

Elizabeth: Ik wil er zeker van zijn dat ik goed met anderen kan opschieten. Dat is belangrijk voor me, want ik wil graag iets meer zijn dan boekhouder. Ik ben ambitieus, ooit wil ik iets met management gaan doen.
Coach: Juist. Ja, ik zie wel dat je ambitieus bent en natuurlijk is het dan van belang dat je weet dat je met lastige medewerkers kunt omgaan. En je wilt natuurlijk een goede reputatie opbouwen in het bedrijf.
Elizabeth: Ik heb het nog niet tegen mijn baas verteld, maar ik wil graag hogerop in dit bedrijf. Om dat voor elkaar te krijgen moet ik goed met mijn collega's overweg kunnen, zodat mijn baas goede verhalen over mij te horen krijgt. Dat je goed met me kunt samenwerken. Dat ze me allemaal aardig vinden.
Coach: Het is duidelijk dat het heel belangrijk voor jou is een goede basis te krijgen waarop je verder kunt bouwen.
Elizabeth: Ja, natuurlijk. Zeker.

Het wordt nu duidelijk waarom Elizabeth zich zo ongelukkig voelt en ze de relatie met haar collega's wil verbeteren. Wat een relatief minder belangrijke kwestie leek zou dus wel eens veel kunnen zeggen over wat de cliënt van belang vindt. 'Wat zou het voor jou betekenen als je collega's aardiger tegen je zouden zijn?' Aan de hand van een dergelijke eenvoudige vraag kun je op een simpele en efficiënte manier veel nuttige informatie verkrijgen.
Nu we de motivatie van de cliënt kennen, wordt het tijd haar te helpen een eigen routebeschrijving te maken waarmee ze haar doel zo effectief en efficiënt mogelijk kan bereiken.

Coach: Wat zou er bij jouw collega's op wijzen dat je op de goede weg bent? Het hoeft maar iets kleins te zijn.
Elizabeth: Zoals ik al zei, wil ik graag dat ze vriendelijk tegen me zijn en gewoon goedemorgen tegen me zeggen. Dat ze normaal met me praten, zodat ze merken dat ik oké ben en dat ze me kunnen vertrouwen.
Coach: Dat klinkt goed. Stel nu dat de relatie met je collega's is zoals je haar graag ziet. Als je je collega's zou vragen wat je dan zou doen, dat je nu niet doet, wat zouden ze dan antwoorden?

Merk op dat dit de tweede keer is dat de coach de cliënt vraagt haar verbeelding te gebruiken om een ideale, gewenste situatie te creëren. De zin die begint met

'Stel …' maakt van een klacht een mogelijke oplossing. We gaan er namelijk van uit dat het vermogen zich een voorstelling te vormen van realistische oplossingen, een van de belangrijkste eigenschappen is van cliënten, waarvan ze zich meestal niet bewust zijn. Het is het eerste bruikbare idee: dat alle vrouwelijke collega's aardig tegen haar zullen zijn en zich afvragen wat Elizabeth anders zou doen. Dit soort vragen zal in hoofdstuk 2 aan de orde komen in de paragraaf over bruikbare taalvaardigheden.

> **TIP UIT DE PRAKTIJK**
>
> Je kunt voorafgaand aan de eerste sessie nagaan welke veranderingen de cliënt wenst: vraag de cliënt tijdens het telefoongesprek vóór de eerste sessie of deze wil bijhouden wat hij graag wil behouden. Vraag tijdens de eerste sessie naar details over de dingen die de cliënt in zijn leven wil continueren.

Gebruikmaken van de visie van anderen noemen we ook wel relatievragen. Ze zijn bijzonder bruikbaar bij coaching omdat we er aandacht mee schenken aan de werkomstandigheden van de cliënt. De meeste coachingstrajecten vinden plaats in de werkomgeving. Wat iemand doet of niet doet kan een grote invloed hebben op de sfeer, cultuur en onderlinge samenhang op de werkvloer. We beïnvloeden elkaar als we met elkaar interacteren.

Elizabeth: (lange pauze) Daar heb ik eigenlijk nooit over nagedacht … Dat is een goede vraag … Ik denk dat ze zullen zeggen dat ik 's morgens vaker lach, een gesprek begin, veel opener ben, een beetje vrolijker zal zijn en misschien wel een grappig verhaal zal vertellen over een fout die ik heb gemaakt en niet de hele tijd zo serieus zal zijn. Ik denk dat ik eigenlijk gewoonlijk alleen maar aan het werk ben. Ze vinden waarschijnlijk dat er maar weinig lol aan mij valt te beleven.
Coach: Stel dat je erin slaagt zo een tijdje door te gaan: je bent vrolijker, vertelt grappige verhalen over jezelf en je kunt je meer ontspannen. Wat zouden zij antwoorden op de vraag wat ze dan zouden doen dat ze nu niet doen?
Elizabeth: Ze zouden zeggen dat ik gemakkelijker in de omgang ben, relaxter en

minder serieus. Ik denk dat ze het minder moeilijk zullen vinden om aardig tegen me te doen.

We weten dat we andere mensen niet kunnen veranderen, zeker niet degenen die het niet nodig vinden om te veranderen. Toch krijgen we geregeld cliënten die ons vragen om anderen te veranderen – een onmogelijke taak. Het lijkt duidelijk dat de collega's van Elizabeth prima met elkaar kunnen opschieten en daar ook tevreden mee zijn. Degene die hier het liefst verandering in brengt is Elizabeth en niet haar collega's. Het is daarom belangrijk dat de coach nagaat hoe realistisch de doelen van de cliënt zijn. Als jij tot de conclusie komt dat het geen realistisch doel is omdat we andere mensen niet kunnen veranderen, dan zul je de aandacht van de cliënt ergens anders op moeten richten of een nieuwe relatievraag moeten stellen. Het is duidelijk dat in dit geval de relatie van Elizabeth met haar collega's moet veranderen. Nu begrijpen we ook haar ambitie om hogerop te komen in het bedrijf.
Daarom is het ook belangrijk Elizabeth te helpen zich een voorstelling te maken van wat haar collega's anders aan haar zullen vinden, omdat dat van grote invloed is op hun houding jegens haar. Op die manier komt ze dichter bij haar doel.

Gebruikmaken van de vaardigheden van de cliënt

Nu we weten waar Elizabeth heen wil, hebben we de volgende informatie nodig: weet ze hoe ze aardig en sociaal moet zijn, hoe ze een gesprek over koetjes en kalfjes moet voeren, en hoe ze ontspannen met anderen kan omgaan zonder de hele tijd zo serieus te zijn? Als de cliënt dat weet, zal het gemakkelijker zijn succesvolle strategieën toe te passen en te herhalen. Het is veel moeilijker voor een cliënt iets te doen als hij niet weet hoe dat moet. Als Elizabeth bijvoorbeeld niet zou weten hoe ze een auto moest besturen, zouden we haar waarschijnlijk niet aanraden een duur en ingewikkeld navigatiesysteem aan te schaffen. Als we weten wat de bestemming van de cliënt is, willen we er zeker van zijn dat de cliënt over alle benodigdheden en vaardigheden beschikt de weg te vinden. We zullen dus moeten nagaan of Elizabeth daadwerkelijk weet hoe ze moet lachen, hoe ze zich open kan stellen voor anderen, hoe ze zich kan ontspannen en een grapje kan maken, ook al gaat het aanvankelijk slechts om een ontspannen gesprekje met iemand bij wie ze zich op haar gemak voelt.

Elizabeth vertelde aan het begin van de sessie dat ze geen probleem had ontspannen en vrolijk te zijn bij haar vriend. Ze heeft er dan geen moeite mee grappige verhalen te vertellen of te lachen om haar eigen fouten. Maar het is wel noodzakelijk dat we er meer over te weten komen, zoals blijkt uit het volgende fragment.

Coach: Stel dat ik jouw vriend of vriendinnen vraag hoe je bent als je ontspannen en vrolijk bent. Wat zouden ze me dan over jou vertellen?
Elizabeth: O, dan zouden ze vertellen dat ik best grappig kan zijn. Ik ben niet de hele tijd zo serieus, zeker niet met goede vrienden en mijn vriend. We doen gek en giechelen wat af. Op de universiteit deed ik altijd gekke dingen en de studie nam ik ook helemaal niet zo serieus. Maar nu ik een baan heb die ik echt leuk vind, merk ik dat ik heel goed ben in wat ik doe. Ik denk dat ik ineens veel serieuzer ben geworden. Misschien ben ik wel te serieus op mijn werk omdat ik hogerop wil. Voor het eerst in mijn leven heb ik een doel wat betreft mijn werk en verdien ik een redelijk inkomen. Misschien ben ik wel te serieus en te veel gericht op mijn werk. Die neiging heb ik wel. Zo studeerde ik vroeger ook dag en nacht door voor examens, zonder veel slaap of eten.

Omdat ze intelligent is, ziet Elizabeth in dat ze zelf ook aan haar probleem zou kunnen hebben bijgedragen. Omdat ze te veel met haar werk bezig was, vergat ze immers aandacht te besteden aan haar collega's. Het moet hun duidelijk gemaakt worden dat ze wel degelijk benaderbaar is. Dat betekent dat ze doorheeft dat ze zelf eerst zal moeten veranderen en niet moet gaan zitten wachten tot haar collega's veranderen. De coach moet vervolgens Elizabeth helpen bij het maken van een gedetailleerde routebeschrijving, om zo de eerste kleine successen te kunnen boeken.

Coach: Wat zou je kunnen doen om je collega's te laten weten dat je open voor hen staat, en niet de hele tijd zo serieus bent?
Elizabeth: Ik denk dat ik als eerste het ijs zal moeten breken. Dat had ik natuurlijk moeten weten, maar ik heb daar tot nu toe nooit zo bij stilgestaan. Zij werkten al een tijd samen voordat ik erbij kwam en ik geloof dat ik de eerste vrouwelijke boekhouder ben. Ik denk dat ik zo mijn best wilde doen dat ik me niet echt als een collega heb opgesteld. Ik zag mezelf als een soort pionier of zoiets. Daardoor

heb ik alles ook heel serieus aangepakt. Ik ben als het ware het nieuwe kind in de klas en daarom heb ik hen meer nodig dan zij mij. Zij waren al bevriend met elkaar en toen kwam ik erbij. Ik moet niet meer zo serieus zijn en alleen maar werken. Ik moet ook eens een praatje beginnen en vriendelijker tegen hen zijn.
Coach: Dat lijkt me een heel goed idee. Wat zou je dan morgenochtend doen dat je vanmorgen niet hebt gedaan?
Elizabeth: Ik denk dat ik wat gebakjes haal om te vieren dat ik de eerste vijf maanden bij het bedrijf heb overleefd, zoiets. En ik vraag hoe het met hen gaat en wacht niet tot zij naar mij toe komen.
Coach: Uitstekend idee.

In dit hoofdstuk hebben we de fundering gelegd voor oplossingsgericht coachen en hebben we enkele achterliggende aannamen beschreven. We hopen dat we hebben laten zien dat effectief en efficiënt werken kan samengaan met een respectvolle benadering om de vermogens en vaardigheden van cliënten te stimuleren. Vaak zijn veel cliënten zo gepreoccupeerd met hun problemen dat ze van hun coach een klein duwtje in de juiste richting nodig hebben. In de volgende hoofdstukken gaan we in op de hulpmiddelen die je nodig hebt voor complexere situaties. Daarvoor is het nodig buiten de gevestigde kaders te denken.

TIP UIT DE PRAKTIJK

Begin je coachingsgesprek door te vragen naar een specifiek doel: 'Wat moet er tijdens dit gesprek gebeuren, zodat je na afloop kunt concluderen dat het zinnig was mij in te schakelen?'

2 Eenvoudige hulpmiddelen voor serieuze taken

> **VRAAG UIT DE PRAKTIJK**
>
> 'Wat zeg je tegen cliënten als ze vragen hoeveel sessies er nodig zijn?' Ten eerste nemen we hun eigen inschatting met betrekking tot het aantal sessies serieus. We vertellen vaak dat we soms verrast zijn over de snelheid waarmee cliënten op de goede weg terecht weten te komen. We stellen voor om aan het eind van elke sessie te kijken of er sprake is van voldoende verbetering.

Bij oplossingsgericht coachen is het de bedoeling dat het niet lang duurt. Hoe kunnen we ervoor zorgen dat de coaching ondanks de korte duur toch efficiënt is? Je zult je misschien afvragen op welke manier het feit dat het niet lang duurt het coachingsgesprek beïnvloedt. In dit hoofdstuk laten we in detail zien hoe een eerste coachingsessie van begin tot eind verloopt. Dat we zo diep ingaan op de eerste sessie heeft te maken met het feit dat tijdens die sessie de toon gezet wordt voor de volgende sessies en dat die eerste sessie de cliënten duidelijk moet maken dat het om een gezamenlijk project gaat. Dat wil zeggen dat ze zelf zullen moeten aangeven wat de bestemming van de reis is. We benadrukken daarbij dat de cliënten vanaf het begin achter het stuur zitten en daar na een korte begeleiding door hun coaches ook blijven zitten. Ze bepalen zelf welke richting het opgaat. We hopen dat dit boek voor jou doet, wat jij voor jouw cliënten doet. Dat wil zeggen, jij bepaalt zelf de doelen en dit boek geeft je vervolgens bruikbare adviezen en suggesties, zodat jij je cliënt optimaal kunt coachen en je uit zult groeien tot een competente en deskundige coach.

Bij elke stap tijdens dit korte ritje leren jij en je cliënten van elkaar. We laten je zien waarom oplossingsgerichte coachingsgesprekken uniek zijn. Oplossingsgericht coachen is namelijk een bijproduct van een bepaald soort gesprek en niet louter een coachingsvorm die kort duurt. Onderweg zullen we je allerlei handige hulpmiddelen aan de hand doen, die je onmiddellijk kunt gebruiken, ook al is jouw werkwijze niet van korte duur.

Beginnen met het eind voor ogen

We willen graag beginnen met een gedenkwaardige casus van Peter, waarvan we hebben geleerd dat we er nooit mogen van uit mogen gaan dat we weten hoe het coachingstraject zal verlopen.

Tijdens een workshop die ik gaf over oplossingsgericht coachen, kwam er 's morgens tijdens de koffiepauze een man van circa veertig jaar op me afgestapt. Hij vroeg of hij me even apart kon spreken. We liepen het terras op, waar verder niemand was, en hij vertelde me dat hij journalist was en in een hopeloze situatie verkeerde. Er was een rechtszaak tegen hem aangespannen wegens een krantenartikel dat hij enige tijd geleden had geschreven over een bekend iemand. Zijn reputatie en carrière waren in het geding. En daar bleef het niet bij, want hij wantrouwde de advocaat die het management van de krant hem ter beschikking had gesteld. Ook het management vertrouwde hij niet. Hij vroeg me niemand iets te vertellen over ons gesprek en vroeg me of ik hem als cliënt wilde accepteren. Hij zat in het nauw en was bang dat hij nooit meer als journalist aan de bak zou komen. Hij wist niet hoe hij met alle betrokken partijen moest omgaan. Hij wilde zo snel mogelijk een afspraak met me maken voor een eerste gesprek en wilde graag weten of ik tijd had hem de komende tijd te begeleiden.

We spraken af de eerste sessie per telefoon te doen, twee dagen later om 22.00 uur, zodat we beiden zo nodig ruim de tijd hadden. Ik legde uit dat hij moest betalen vanaf de eerste telefonische sessie en vertelde hem dat ik aan oplossingsgericht coachen deed. Ik legde verder uit dat we aan het eind van ons telefoongesprek zouden bespreken wat we vervolgens zouden doen. Ik herinner me dat ik me bezorgd afvroeg of ik de komende weken of misschien wel maanden wel voldoende tijd voor hem zou kunnen vrijmaken.

Nadat ik zijn verhaal had aangehoord moest ik de neiging onderdrukken meteen uit te zoeken wat de journalist voor vreselijks had gezegd over de bekende persoon, die kennelijk kwaad genoeg was een rechtszaak te beginnen. Ik concludeerde dat het de cliënt weinig zou helpen, ook al zou het mijn nieuwsgierigheid bevredigen. Aangezien ik jaren als advocaat werkzaam ben geweest, kwamen er al snel nog meer vragen in mij op. Het eerste wat ik moest doen was bedenken waarmee ik de cliënt kon helpen. Ik ging ervan uit dat hij precies wist hoe groot zijn problemen waren en dat ik het verleden niet hoefde te kennen om hem vandaag en morgen te kunnen helpen.

> **Alle feiten behoren tot het probleem, niet tot de oplossing.**
> **Ludwig Wittgenstein**

Ik liet deze gedachten voor wat ze waren en besloot me te houden aan het oplossingsgerichte coachingsmodel. Aan het begin van ons telefoongesprek vroeg ik hem: 'Wat moet er vanavond gebeuren zodat je kunt concluderen dat je er goed aan hebt gedaan mij als coach in te schakelen?' Hij gaf eerst wat achtergrondinformatie en beschreef de onaangename situatie waarin hij verkeerde. Zijn vrouw, die weliswaar heel geduldig en begripvol was geweest, begon de laatste tijd tekenen van grote stress te vertonen en klaagde erover dat hij nergens anders tijd voor had. Hij kon zich maar moeilijk concentreren, was verstrooid en verwaarloosde zijn kinderen nog meer dan hij gewoonlijk tijdens grote opdrachten deed. Het proces sleepte zich voort en hij verwachtte dat het heel lang zou gaan duren. Uiteindelijk gaf hij een antwoord op mijn vraag: hij wilde uitzoeken wat belangrijk was en wat niet, hoe hij de rechtszaak het beste kon voorbereiden en wat hij kon verwachten ten aanzien van zijn toekomst als journalist. Ten slotte wilde hij de rust en energie vinden om één ding tegelijk af te handelen.
Ik beloofde hem dat we al deze dingen zouden behandelen. Eerst had ik echter een vraag voor hem: 'Laten we eerst eens kijken wat je wilt bereiken. Stel dat je al deze kwesties op orde hebt, de zaak in eigen hand hebt genomen en de rust en energie hebt om deze beproevingen goed te doorstaan. Hoe weet je dat je situatie zodanig is verbeterd dat je mijn begeleiding niet langer nodig hebt?'
Er viel een lange pauze. Toen zei hij: 'Waarschijnlijk zouden de reacties van mijn vrouw en kinderen een belangrijke aanwijzing vormen ... dat ik mijn innerlijk

evenwicht zou hebben hervonden … in de wetenschap dat ik aan de ene kant alles heb gedaan wat in mijn macht ligt en dat ik aan de andere kant alles wat ik niet kan veranderen heb kunnen loslaten.' Toen hij een antwoord probeerde te geven op een vraag die ik al tweemaal eerder had gesteld, 'Wat zou er nog meer veranderd zijn?', leek er iets met hem te gebeuren. Ik kreeg het gevoel dat er een soort verschuiving plaatsvond. Uit zijn zelfverzekerde toon en de snelheid waarmee hij sprak dacht ik op te kunnen maken dat het misschien wel bij dit ene telefoongesprek zou kunnen blijven. Dat moest ik natuurlijk ook aan hem vragen, en daarom zei ik enigszins aarzelend: 'Als ik jouw verhaal zo hoor en luister naar wat je vertelt en de wijze waarop je dat doet, dan vraag ik me af of het niet al een stuk beter gaat.' Hij zei dat hij precies dezelfde gedachte had. Hij vertelde dat hij het gevoel had dat hij een emmer koud water in zijn gezicht had gekregen. Het was hem nu duidelijk wat hem te doen stond. Het was alsof 'de hele kwestie een andere wending had gekregen'. Hij vervolgde: 'Om eerlijk te zijn, en tot mijn eigen verrassing, weet ik nu zeker dat ik het weer alleen aan kan. Hartstikke bedankt, coach!'

Het telefoongesprek had niet langer dan 20 minuten geduurd, en daarmee was het de kortste coachingsessie die ik ooit had meegemaakt. Ongeveer een jaar later kwam ik mijn cliënt bij toeval tegen. Ik vroeg niet naar de rechtszaak en hij vertelde er ook niets over. Maar niettemin maakte hij me duidelijk dat hij de zaak in eigen hand had genomen en op de goede weg was.

Dit is natuurlijk een uitzonderlijk voorbeeld van hoe kort een coachingsessie kan zijn als bij het begin meteen gedacht wordt aan wat men ermee wil bereiken. Zoals we in dit hoofdstuk zullen laten zien is het goed enige tijd te besteden aan het vaststellen van de gewenste uitkomst, niet alleen omdat we dan weten waar we naar toe moeten, maar ook omdat we dan weten wanneer we daar zijn aangekomen.

Overleg over de doelen

In hoofdstuk 1 hebben we het al gehad over het overleg over de gewenste doelen, maar we willen hier nog eens benadrukken dat het bijzonder belangrijk is samen vast te stellen waar de finishlijn ligt. Als de finishlijn telkens verlegd wordt, kan coaching een langetermijnkwestie worden en zullen we doelloos blijven rondzwerven, zonder te weten waar we zijn of hoe ver de finish nog is. Het klinkt misschien eenvoudig en gemakkelijk, maar vaststellen wanneer en hoe je weet wanneer er geen sessies meer nodig zijn kost tijd en energie. Wij zijn ervan overtuigd dat als we eenmaal weten wat de uitkomst is, onze inspanningen niet voor niks zijn geweest. In de volgende paragrafen beschrijven we enkele criteria die je zullen helpen bij het vaststellen van het doel. We denken dat doelen alleen bruikbaar zijn als ze gekenmerkt worden door de volgende elementen.

Het gaat om de aanwezigheid van oplossingen en niet om de afwezigheid van problemen

Als we met het overleg over de doelen beginnen, geven veel cliënten een opsomming van de problemen of moeilijkheden waarvan ze geen last meer zullen ondervinden. Over nieuwe oplossingen of activiteiten hebben ze het meestal niet. De meest voorkomende reacties op een vraag als 'Wat hoop je met deze sessie te bereiken?' zijn: 'De spanning in mijn buik zal verdwenen zijn als ik bedenk wat ik had kunnen bereiken', 'Ik heb er geen probleem meer mee om 's morgens naar mijn werk te gaan', 'Ik zal niet meer de hele tijd zo moe zijn' of vergelijkbare beweringen over problemen of spanningen die verdwenen zullen zijn.

Omdat ik (Peter) tijdens mijn studietijd taxichauffeur ben geweest, valt het me niet moeilijk cliënten te vragen waar ze heen willen en niet waar ze volgens mij heen zouden moeten gaan. Als een klant me vroeg hem naar een café te brengen, kwam het niet in me op om hem in plaats daarvan naar zijn huis en vrouw te rijden. Dezelfde regel is van toepassing op coaching. Hoewel het overleg over de bestemming van de cliënt eenvoudig lijkt, blijkt dat verrassend moeilijk te zijn. Daarom hebben cliënten in deze beginfase veel hulp nodig van hun coaches. We geven in dit verband graag het voorbeeld van een strategie van Timothy Gallwey, die gebruikmaakt van een tennismetafoor.

Een voorbeeld

Tijdens een conferentie over coaching gaf een bekende coach en voormalig tennisspeler, Tim, een demonstratie tijdens een les over het overleg over doelen. Een deelnemer vroeg Tim hem te helpen met zijn backhand. Hij vertelde dat hij al jaren problemen had met backhandvolleys en zonder succes al vele lessen had gevolgd bij verschillende tennistrainers om het probleem te overwinnen.

Tim wilde eerst zien wat het probleem precies was en vroeg de man te laten zien wanneer de problemen zich precies voordeden, voor een volle zaal. De man had een duidelijke omschrijving gegeven en wist precies wat hij verkeerd deed. Op het moment dat de bal naar zijn linkerkant kwam was aan zijn houding te zien dat hij problemen verwachtte. Hij raakte de bal op het moment dat zijn arm voor zijn borst was, waarbij zijn bovenlichaam helemaal achterover helde. Op zijn gezicht was af te lezen dat hij een misslag verwachtte. Nadat hij dit een aantal maal had aangezien, vroeg Tim de man terug te lopen naar het net en zei: 'Je hebt gelijk. Dit is de meest defensieve backhandvolley die ik ooit gezien heb. Wat ik echter nog niet weet, is hoe je wilt dat het wel gaat.' De man begon het hem te vertellen, maar Tim onderbrak hem halverwege en zei: 'Ik ben nogal visueel ingesteld en moet het dus zien.' Tim vroeg de man naar zijn helft terug te lopen en te laten zien hoe hij wilde dat zijn backhand er voortaan uitzag. Tim wierp hem weer ballen toe en vroeg de man telkens: 'Is dit wat je bedoelt?' De man zei eerst een paar maal nee en probeerde zijn houding te corrigeren. Toen zei hij: 'Ja, dit lijkt er meer op!' Hij sloeg een aantal verbazingwekkend snelle en energieke backhandvolleys, waarvoor het publiek enthousiast begon te applaudisseren.

GEREEDSCHAPSKIST

Vragen met het doel voor ogen:
- Waaruit kun je opmaken dat het zodanig beter gaat dat je mij niet meer nodig hebt?
- Waaraan kunnen andere mensen zien dat het beter gaat?
- Wat is de eerste kleine aanwijzing die erop wijst dat het tijd is zelfstandig verder te gaan?

Tim zei tegen de man: 'Juist, dus zo wil jij het hebben. Jammer dat je het nu niet meer kunt.' Meteen nadat hij dit gezegd had sloeg de man de bal weer op de oude, defensieve manier. Tim zei: 'Zo doe je dat dus. En hoe moet het wel?' Onmiddellijk sloeg de man de ballen weer heel krachtig terug.
In elk coachingsgesprek is *de aanwezigheid van een oplossing* net zo belangrijk als in dit tennisvoorbeeld. Hieronder vind je een lijst met vragen die je tijdens het overleg over het doel zou kunnen stellen.
- Wat moet er vandaag gebeuren waaruit voor jou blijkt dat het een goed idee was met mij af te spreken?

- Wat zou jouw beste vriend (collega, leidinggevende) zien waaruit hij kan opmaken dat je afspraak met mij nuttig is geweest, zonder dat je hem dat vertelt?
- Wat zou je anders willen doen (bijvoorbeeld als de cliënt de hele dag in bed ligt en er maar niet uit kan komen)?
- Vind je dat een grote of een kleine verandering?
- Stel dat je de boekhouding op tijd afkrijgt. Wat voor verschil zou dat voor je maken?
- Wie zou als eerste opmerken dat jij je boekhouding op tijd afhebt?
- Wat zou die persoon vervolgens doen, wat hij vanmorgen niet heeft gedaan?

Het is nuttig dieper in te gaan op de details van oplossingen, want dan zal blijken dat cliënten zelf met allerlei veranderingen en oplossingen komen. Zelfs als de cliënt zijn gedrag slechts in geringe mate verandert, zal de kans toenemen dat deze kleine verandering na verloop van tijd ook op andere gebieden effect zal hebben. Een gesprek over de details van dergelijke kleine veranderingen neemt gewoonlijk zo'n 10 tot 15 minuten in beslag. Het zal je verbazen hoeveel er ter sprake kan komen als je je concentreert op de details van oplossingen.

Kleine stapjes

Het klinkt misschien logisch als we aannemen dat het bij oplossingsgericht coachen gaat om het realiseren van veel kleine veranderingen in een betrekkelijk korte tijd. Niet dus. Er is slechts één kleine verandering nodig om een sneeuwbaleffect te creëren. De sneeuwbal rolt de helling af, krijgt vaart en wordt alsmaar groter. Veranderingen worden in kleine stapjes gerealiseerd; vervolgens neemt de natuur het over en spreiden de effecten zich uit over andere levensgebieden. Bij het voortschrijden van de tijd zullen de effecten zich blijven uitbreiden.

Cliënten willen vaak onmiddellijk grote veranderingen realiseren. Dat is begrijpelijk, want ze hebben meestal eerst zelf van alles geprobeerd voordat ze besloten hulp in te roepen. Ze willen het anders, het maakt niet uit hoe, al was het alleen maar omdat ze dan het gevoel krijgen dat ze in elk geval *iets* doen. Hetzelfde geldt voor een coach. Als we echter al te snel een grote verandering willen bewerkstelligen, is de kans groot dat het om een verkeerde verandering gaat of om een verandering in de verkeerde richting. Je kunt beiden het gevoel krijgen dat het te langzaam gaat. Stel je cliënt echter gerust door te zeggen dat een langzaam tempo hem sneller zal brengen waar hij wil zijn, omdat de kans dan groter is dat het om de *juiste* soort verandering gaat.

Oplossingen in sociale contexten

Omdat alle zorgen en problemen in sociale termen worden beschreven, moet je ervoor zorgen dat de oplossingen die je met je cliënten bespreekt eveneens in sociale termen worden gedefinieerd. Dat kun je doen door belangrijke personen uit hun leven erbij te betrekken, die de veranderingen en oplossingen van je cliënten zullen opmerken. Het mooie hiervan is dat die belangrijke personen het nieuwe gedrag van je cliënten op een natuurlijke manier zullen ondersteunen en versterken. Deze belangrijke anderen zullen dat nog doen lang nadat het coachingstraject van je cliënten is opgehouden.

> **LEZERSEXPERIMENT**
>
> Voorspel voor je volgende coachingsgesprek of het het laatste gesprek zal zijn met deze cliënt. Observeer je cliënt nauwkeurig. Geef jezelf één punt voor elke juist observatie.

Gebruik daarom de volgende vragen om belangrijke informatie en ideeën te benadrukken:
- Als jouw vrienden gevraagd wordt waaruit ze kunnen opmaken dat deze sessie nuttig is geweest, wat zouden ze dan antwoorden?
- Wat zou je leidinggevende anders doen als hij merkt dat je zelfverzekerder bent geworden, zonder dat je dat zelf aangeeft?
- Stel dat je met allerlei nieuwe ideeën komt om de productiviteit te vergroten. Hoe zouden je collega's laten merken dat ze waarderen wat je hebt gedaan?
- Stel dat ze hun waardering duidelijk laten blijken. Wat zou je dan doen, wat je gewoonlijk niet doet?
- Stel dat je je tijdens vergaderingen coöperatiever opstelt, hoe zouden je collega's daar dan op reageren?

Realistische en meetbare doelen

Doelen moeten uiteraard haalbaar en meetbaar zijn. Als we een cliënt voor het eerst ontmoeten, is niet altijd duidelijk waartoe hij in staat is. Daarom moeten we goed luisteren om daarachter te komen. Ook als je cliënt competent lijkt te zijn en al van alles heeft gepresteerd, is het goed hem er toch direct naar te vragen. Het is ook belangrijk dat het doel concreet genoeg is, in de zin van meetbaarheid of telbaarheid. Dat blijkt uit de volgende vragen:

- Hoe weet je van jezelf dat je elke dag in staat bent op tijd naar je werk te gaan?
- Hoe weet je leidinggevende dat je in staat bent zulke grote projecten in zo'n korte tijd te realiseren, ook al is het de eerste keer dat je dat doet?
- Jezelf kennende, wat ga je precies doen om dit project op tijd af te krijgen?
- Stel dat je je best doet hun vertrouwen te winnen. Wat zouden je collega's doen om je duidelijk te maken dat zij ervan overtuigd zijn dat jij hun vertrouwen waard bent?
- Vertel me nog eens: wat zouden zij anders doen om je te laten weten dat zij begrijpen dat jij vastbesloten bent het project op tijd af te krijgen?

Als je met de cliënt overeengekomen bent welke concrete indicatoren zullen aangeven dat hij op de juiste weg is, moet je ze geregeld controleren, zodat jij en je cliënt doelgericht bezig blijven. We zullen laten zien hoe je dat met respect kunt doen, zonder opdringerig te zijn.

Wonderbeelden

Als cliënten moedeloos zijn of niet het geduld kunnen opbrengen de details van een goed resultaat te bespreken, kun je gebruikmaken van de wondervraag. Dat is een krachtig hulpmiddel waarmee je je cliënt kunt helpen een eerste beeld te vormen van oplossingen. Deze vraag is voor het eerst gebruikt door een wanhopige coach, die niet meer wist wat ze moest doen. In het begin van de jaren tachtig had Insoo een gesprek met een moeder die zo moedeloos was geworden dat ze dacht dat suïcide de enig overgebleven oplossing was. Haar alcoholistische man zat al heel lang zonder werk. Haar vier kinderen bezorgden hun leraren zoveel kopzorgen dat zij elke dag wel door de school werd opgebeld, waarbij gesuggereerd werd dat het haar schuld was dat haar kinderen zich zo onmogelijk gedroegen en dat het haar taak was daar iets aan te doen. Ze werkte om haar gezin te kunnen onderhouden, en was zo uitgeput dat ze dacht het leven niet langer aan te kunnen.

Zoals gewoonlijk vroeg Insoo eerst of de vrouw enig idee had wat ze met de sessie wilde bereiken. Ze slaakte een diepe zucht en bleef een paar minuten zwijgend zitten. Ten slotte zei ze langzaam: 'Ik weet niet of er nog hoop is … tenzij … er een wonder gebeurt.' Uit wanhoop ging Insoo op dat idee voort en zei: 'Ik kan niet voor een wonder zorgen, vrees ik. Maar als dat wel zo was, wat zou dat voor jou veranderen?' De vrouw dacht enige tijd zwijgend na en zei ten slotte: 'Ik denk … ten eerste zou ik mijn werk beter doen, en geen ziekteverlof of vakantiedagen meer op hoeven te nemen. Ik zou opslag krijgen omdat ik energieker en enthousiaster zou zijn en me niet meer elke morgen naar mijn werk hoefde te slepen. Mijn man zou gaan werken en niet meer ontslagen worden … Ik zou meer energie hebben en zou misschien eindelijk weer eens ergens om lachen … En de leraar van mijn oudste zoon zou me opbellen met goed nieuws over hem, en …' En zo ging ze door tot ze een flinke lijst had met dingen die anders zouden zijn. Insoo zat verbaasd te luisteren en ook de teamleden achter de doorkijkspiegel verwonderden zich over de lange lijst met goede wonder-ideeën. De Milwaukee-groep werd zo gemotiveerd door deze verrassende ervaring dat ze de wondervraag bij vrijwel elke cliënt gingen toepassen. Sinds die tijd is deze vraag over de hele wereld talloze malen gesteld, in allerlei settings, van directiekamers tot gevangenissen.

Gedurende de afgelopen 25 jaar hebben we geleerd deze wondervraag nog effectiever te maken. Door vallen en opstaan, en experimenten met verschillende benaderingen kwamen we erachter wat het beste werkte. Let goed op hoe deze vraag wordt geformuleerd. Om cliënten zover te krijgen dat ze zich een voorstelling gaan vormen van de oplossing, zullen ze zich gesteund moeten voelen door hun coach.

DE METAFOOR VAN DE AAP

'Laat me je helpen uit het water te komen, zodat je niet verdrinkt', zei de vriendelijke aap, terwijl hij de vis uit de rivier tilde en voorzichtig op een boomtak legde. Merk op: wat de coach redelijk toeschijnt, helpt de cliënt niet altijd verder.

Coach: Ik ga je een nogal vreemde vraag stellen waarvoor je flink wat verbeeldingskracht nodig hebt. (pauze) Heb je een goede verbeeldingskracht? (pauze)
Cliënt: Ja, dat denk ik wel.
Coach: Mooi. De vreemde vraag luidt als volgt. (pauze) Als we hier klaar zijn moet je natuurlijk weer aan het werk. Maar daarna is het nog niet afgelopen, want dan moet je naar huis en daar wachten je nog meer taken, bijvoorbeeld de zorg voor de kinderen, koken, de kinderen helpen met hun huiswerk, hen in bad doen en naar bed brengen. (pauze) Ten slotte ga je zelf naar bed. Je stapt in een comfortabel bed en hoopt op een goede nachtrust. 's Nachts, terwijl je in een diepe slaap bent, gebeurt er een wonder. Dat wil zeggen: al je zorgen en problemen waarvoor je naar mij toe bent gekomen zijn in één klap verdwenen (knipt met vingers). Omdat dit 's nachts gebeurt en iedereen slaapt, weet niemand dat zich een wonder heeft voltrokken en dat de problemen allemaal zijn opgelost. (pauze) Als je langzaam wakker wordt, wat zou dan de eerste kleine aanwijzing zijn waaruit je kon opmaken dat zich 's nachts een wonder heeft voltrokken en alle problemen tot het verleden behoren? Hoe zou je daarachter komen?

Dit is een zorgvuldig geformuleerde, zeer lange vraag die cliënten moet helpen bij het verbeelden van een oplossing. Niettemin antwoorden veel cliënten met: 'Ik weet het niet ...' Als dat gebeurt moet de coach rustig blijven en de diepe concentratie van de cliënt niet verstoren. Cliënten komen langzaam terug uit hun concentratie, beginnen diep adem te halen, gaan achterover zitten of blijven in diepe concentratie. Hun gezichtsspieren ontspannen zich en het is zichtbaar dat er bij de cliënt iets is veranderd.

Cliënt: Ik denk ... dat ik rustiger zou zijn, dat er een soort gemoedsrust over me neerdaalde ... Ik zou reikhalzend uitkijken naar de nieuwe dag en daar niet meer tegenop zien. Ik zou met plezier mijn bed uitkomen en niet langer willen blijven liggen.
Coach: Stel dat je die gemoedsrust voelde en dat je graag wilde opstaan. Wat zou het eerste zijn wat je ging doen, wat je vanmorgen niet hebt gedaan?
Cliënt: Ik zou heel graag naar mijn werk gaan, het kantoor vol zelfvertrouwen binnengaan en iedereen een goedemorgen wensen.

De volgende stap bestaat uit het in kaart brengen van de details van deze bijzondere dag, dat wil zeggen, wat de cliënt zou doen, wat anderen zouden doen, wat er vervolgens gebeuren zou, wat er nog meer zou gebeuren dat anders is dan anders, et cetera. Er is wat oefening voor nodig om dit krachtige middel goed in te kunnen zetten. Hoewel het wondervraag heet, zijn de oplossingen die ermee ontstaan realistisch van aard en uitvoerbaar, omdat de details van het wonder door de cliënt zelf worden ingevuld. En die kent de omstandigheden van zijn leven het best.

> **TIP UIT DE PRAKTIJK**
>
> Als cliënten hun doelen omschrijven in termen van wat ze niet willen, kun je de volgende eenvoudige vraag stellen: 'Wat zou je willen dat er wel gebeurt?'

Susan en de twee bazen, deel I

Susan had per telefoon verteld dat de situatie op haar werk na een reorganisatie vrijwel ondraaglijk was geworden. Ze werd aangesteld als assistente van twee bazen in plaats van één en beiden werden opgeslokt door de veranderingen die de reorganisatie voor hen met zich meebracht. Ze hadden geen oog voor haar inspanningen en waren er alleen maar op uit hun invloed binnen het bedrijf te vergroten. Ze mocht niet langer zelfstandig beslissingen nemen en de twee bazen leken er een wedstrijd van te maken wie haar het beste kon aansturen. Daarbij kwam dat ze 55 jaar oud was en ze het idee had dat haar kansen om haar positie te verbeteren vrijwel nihil waren, gezien de krappe arbeidsmarkt. Bovendien was er geen tijd om naar een andere baan uit te kijken. Het was duidelijk dat ze niet van plan was bij een ander bedrijf nog eens helemaal opnieuw onderaan de ladder te beginnen.

Toen haar gevraagd werd wat haar doel was voor de eerste sessie, zei ze dat ze een manier wilde vinden om de nieuwe situatie te leren accepteren, wat ze bijzonder moeilijk vond. De tweede keuze was een andere baan, wat volgens haar uitermate onrealistisch was, gegeven de arbeidsmarkt en haar leeftijd.

Toen haar de wondervraag werd gesteld veranderde haar houding merkbaar. Het volgende gesprek ontspon zich.

Susan: Nou, ik denk dat ik wakker zou worden en met veel plezier uit zou kijken naar wat de dag zou brengen. In de spiegel zou ik een competente vrouw zien, die haar werk goed deed en zich bewust was van haar sterke kanten.
Coach: Oké. Wat is er morgenochtend en de rest van de dag nog meer anders?
Susan: Ik zou op mijn werk een gezonde afstand weten te bewaren en beter voor mezelf zorgen.
Coach: Stel dat je dat doet. Wat zou je anders doen dan je nu doet?
Susan: Ik zou meer energie en kracht hebben en zou waarschijnlijk een oude vriendin bellen om mee uit eten te gaan. Dat heb ik al maanden niet gedaan. Ik heb elke uitnodiging afgeslagen omdat ik elke avond volkomen uitgeput was.
Coach: Stel dat je uitgaat met je vriendin. Ze kent je goed. Wat zou ze opmerken aan jou waaruit ze zou kunnen opmaken dat er een wonder is gebeurd?

Vervolgens ging het gesprek over haar beide bazen. Ze dacht dat ze zich jegens hen assertiever zou gedragen.

Coach: Laten we eens aannemen dat je je assertiever gedraagt jegens beide bazen. Waaraan zouden zij zien dat jij assertiever wordt, zonder dat je hun dat vertelt?
Susan: Ik denk dat Robert wat beleefder zou zijn en misschien zelfs 'hallo', 'alsjeblieft' en 'dank je' tegen me zou zeggen. Misschien geeft hij me zelfs een complimentje voor het werk dat ik heb verricht. Dat zou pas een wonder zijn! Dan zou ik er werkelijk zeker van zijn dat hij beseft dat hij met een competente vrouw te maken heeft die respect verdient.
Coach: Stel dat hij iets positiefs zei over je werk. Hoe zou je dan op hem reageren?
Susan: Ik zou waarschijnlijk tegen hem lachen en zeggen dat ik het leuk vind dat te horen. Zodra ik alleen was zou ik denken: 'Bingo!' en mezelf diezelfde avond op een avondje sauna trakteren.

> **GEREEDSCHAPSKIST**
>
> Probeer de doelen te achterhalen. In het echte leven: wat wil de cliënt bereiken? Binnen de sessie: wat moet er in het verlengde daarvan tijdens deze sessie gebeuren?

Als we een kaart hebben van onze bestemming, dan hebben we een eerste stap gezet van een duizend kilometer lange reis. Omdat de volgende stap afhangt van de cliënt en niet van de coach, moet het vervolg van het gesprek gaan over wat de cliënt moet doen om de eerste stap te zetten en over wat de tweede, de derde stap, et cetera zullen zijn.

Schaalvragen

We kunnen al heel snel enthousiast raken over Susans ideeën over het wonder, waarbij ze zichzelf onder andere trakteert op een avondje relaxen in de sauna. We moeten daarbij echter niet vergeten haar ideeën aan de werkelijkheid te toetsen, want ze kan haar bazen niet dwingen tot bepaald gedrag. In zo'n geval komen schaalvragen van pas, die een specifiek wonder tot werkelijkheid kunnen maken. Luister naar het volgende fragment.

Coach: Ik ga je nu een andere vreemde vraag stellen. Op een schaal van 1 tot 10 staat 1 voor het moment waarop je besloot dat je werksituatie moet veranderen, dat je zo niet langer door kunt gaan, en staat 10 voor de morgen na het wonder. Waar op deze schaal bevind jij je nu?
Susan: Ik denk op 3.
Coach: Prima. Wat maakt dat je toch een 3 kunt scoren?
Susan: De wetenschap dat ik tegen mezelf kan zeggen dat ik het respect verdien van mijn leidinggevende en dat ik goed werk lever.
Coach: En de voorbeelden die je noemde – het uitje met een vriendin, een compliment van Robert, naar de sauna. Stel dat dat werkelijk gebeurt, wat zou je dan scoren op dezelfde schaal van 1 tot 10?
Susan: Een avondje uit met een vriendin is een 6, naar de sauna gaan is een 7

Eenvoudige hulpmiddelen voor serieuze taken

omdat ik dat in m'n eentje doe en waardering krijgen van Robert zou een 9 zijn.
Coach: Nu kijken we naar een andere schaal van 1 tot 10. 10 betekent nu dat je er alle vertrouwen in hebt dat al die dingen zullen gebeuren en 1 dat je daar totaal geen vertrouwen in hebt. Hoe scoor je nu?
Susan: Ik zou zeggen dat mijn zelfvertrouwen rond 5 of 6 ligt. Zoals ik zei kan ik een avondje uit en een bezoek aan de sauna doen zodra ik dat wil. Ervoor zorgen dat Robert me op mijn werk een complimentje geeft – daar ben ik niet zo zeker van.
Coach: Dat is geweldig, 5 of 6 voor je zelfvertrouwen.

Merk op hoe de coach nadruk legt op de score 5 of 6 en niet op haar gebrek aan zelfvertrouwen waar het haar leidinggevende betreft. Het is van belang dat de coach de onderwerpkeuze en de nadruk op een bepaald aspect bepaalt. Stel dat de coach de nadruk legde op haar gebrek aan zelfvertrouwen ten aanzien van haar baas. Dan zou het gesprek een negatieve wending gekregen hebben. Natuurlijk kan ze haar bazen niet dwingen tot bepaald gedrag, maar er zijn talloze andere dingen die ze wel kan doen om zichzelf een beter gevoel te geven, zoals uitgaan met vriendinnen, naar de sauna gaan, et cetera.
Elk gegeven waar een coach naar vraagt en alle informatie die de cliënt vooruithelpt, kan in termen van schaalvragen geformuleerd worden. Het gaat niet om harde en objectieve feiten, maar om een subjectieve inschatting van het leven van de cliënt. We raden je dan ook aan om met schaalvragen te oefenen. Schalen kunnen heel goed gebruikt worden in plaats van woorden, omdat woorden soms niet geschikt zijn om persoonlijke ervaringen te beoordelen.
Op de schaal kunnen de veranderingen die de cliënt doormaakt worden aangegeven, zodat hij zijn vorderingen kan zien en kan nagaan hoe ver hij nog van zijn doel is verwijderd. Een waarschuwing: het is belangrijk goed te omschrijven waar 1 en 10 voor staan, zodat de cliënt zijn eigen situatie goed kan inschatten en evalueren. In onze cultuur zijn we geneigd te denken dat 10 voor perfectie staat. Wij gaan er echter van uit dat niemand een perfect leven heeft. Daarom is het goed de vraag in realistische termen te gieten, bijvoorbeeld: '1 staat voor de verwarring waarin je verkeerde toen je besloot me te bellen voor een afspraak en 10 staat voor "Ik hebt het gevoel dat ik het nu verder wel alleen aankan, zonder enige hulp." Waar op die schaal bevind jij je nu?' We zullen nu wat voorbeelden geven van schaalvragen. Je kunt ze uitbreiden zoals je wilt, gebruik vooral je

creativiteit. Je bent vrij om te experimenteren, zodat je ontdekt wat het beste bij jou en je cliënten past.
- Op een schaal van 1 tot 10 staat 1 voor een volledig gebrek aan zelfvertrouwen en 10 voor het zelfvertrouwen dat je nodig hebt om assertief te kunnen zijn op je werk. Waar bevind jij je op dit ogenblik op deze schaal?
- Waaruit blijkt dat je op 6 staat?
- Hoe lang sta je al op 6?
- Wat is er anders nu je op 6 staat?
- Waaruit zou je beste vriend kunnen opmaken dat je op 6 staat?
- Stel dat je stijgt tot een 7. Wat zou je dan doen, wat je nu niet doet?
- Op een schaal van 1 tot 10 staat 10 voor het moment waarop je het meest trots bent op jezelf. Hoe dicht bij 10 sta je nu?
- Hoe hard wil je eraan werken de persoon te worden die je wilt zijn? Laten we zeggen dat 10 betekent dat je tot alles bereid bent om dat te bereiken en 1 dat je helemaal niets doet en afwacht om te zien wat er gebeurt. Welk cijfer zou jij je op dit moment geven?
- Hoe optimistisch ben je ten aanzien van het voltooien van jouw project? Nu betekent 10 dat je zeer optimistisch bent en 1 dat je volstrekt niet optimistisch bent.
- Waarom geef je jezelf niet een score van min 2?
- Wat doe je eraan om te voorkomen dat je niet nog lager scoort dan min 5?
- Hoe groot schat je de kans dat je op een dag een 10 scoort?

Uitzonderingen die het pad naar oplossingen verlichten

Het idee van de uitzonderingen was een van de eerste ideeën die het team in Milwaukee eind jaren zeventig ontdekte en die tot formulering van de oplossingsgerichte benadering leidden.[6] Uitzonderingen zijn momenten waarop de problemen zouden hebben kunnen optreden, maar dat niet deden. Alle problemen kennen uitzonderingsgevallen. Veranderingen blijken veel sneller op te treden als we aandacht besteden aan de uitzonderingsgevallen (met alle details betreffende wat, wie, waar, waarom en wanneer), in plaats van aan wanneer, waarom, waar, met wie en hoe problemen zich voordoen.

Als de cliënt het verhaal vertelt over de problemen waarvoor hij coaching nodig had, kunnen we vragen naar de momenten waarop het probleem minder ernstig was. Zoek daarom uit wanneer de cliënt zich wel op zijn gemak voelde, rustiger was en meer zelfvertrouwen had, zich open opstelde en contact maakte met mensen. Daardoor zal hij gaan inzien dat hij succesvolle strategieën kan herhalen, zodat hij er *zelf* voor kan zorgen dat hij bijvoorbeeld weer rustig wordt en daar meer controle over krijgt.

Verborgen wonderen verkleinen de belemmeringen omdat ze er minder problematisch door worden. Daardoor wint de cliënt aan zelfvertrouwen en gaat hij ook daadwerkelijk geloven dat hij de frequentie van de problemen positief kan beïnvloeden. Kleine wonderen wijzen de cliënt ook op welk gedrag hij moet herhalen, en verlichten het pad naar een bevredigender leven.

Zo meldde Martin zich bijvoorbeeld aan voor coaching, omdat hij niet wist hoe hij zijn rapporten tijdig moest afkrijgen. Hij vertelde dat hij het altijd heel benauwd kreeg als hij een rapport moest schrijven. Hij voelde zich verlamd door de alsmaar veranderende omstandigheden op zijn werk en de voortdurend wijzigende bankregels, en had geen idee hoe hij de rapporten op tijd zou kunnen afkrijgen.

VRAAG UIT DE PRAKTIJK

'Wat moet ik doen als ik me niet zeker voel over het doel van de cliënt?' Wij gaan ervan uit dat cliënten goede redenen hebben voor hun doelen en daarom kan het zinnig zijn erachter te komen wat die redenen zijn. Als jij het gevoel hebt dat je de cliënt vanwege het doel niet goed kunt helpen, dan kun je hem het beste doorverwijzen naar een andere coach.

De coach wist dat Martin de universiteit had doorlopen en daar zonder twijfel papers heeft moeten schrijven, en vroeg hem daarnaar. Martin antwoordde bevestigend en vertelde dat hij verschillende goede papers had geschreven. Hij had daar indertijd geen enkele moeite mee gehad. De coach vroeg hem te vertellen hoe hij er op de universiteit wel in geslaagd was zulke saaie papers te schrijven. Tot het hem gevraagd werd, realiseerde Martin zich niet dat hij daadwerkelijk verschillende papers had geschreven, daarvoor een goede beoordeling had gekregen en was afgestudeerd. Vervolgens vroeg de coach wat het verschil was tussen papers en rapporten over bankzaken.

Martin herinnerde zich dat hij zijn studie nooit serieus had genomen. Hij was toen nog vrijgezel en had niet de verantwoordelijkheid voor een vrouw en kind. De coach vroeg hem of het hem beter afging als hij zijn werk niet zo serieus nam. Misschien wel, dacht Martin. De coach kon natuurlijk niet suggereren minder hard te gaan werken. Hij vroeg hoe lang Martin deze baan al had. Ongeveer twee jaar, antwoordde Martin. De coach vroeg hem hoeveel rapporten hij in die tijd had geproduceerd. Vaak blijken cliënten eerdere successen met betrekking tot vergelijkbare taken te vergeten. Als de coach een verband legt tussen eerdere successen en huidige taken, kunnen cliënten zich die successen herinneren en met meer zelfvertrouwen herhalen.

Bruikbare taalvaardigheden

Aangezien het voeren van een goed gesprek meer een kunst is dan een wetenschap, kunnen we onze taalvaardigheden alleen maar verbeteren door er op allerlei manieren mee te oefenen. Het is immers ons belangrijkste hulpmiddel. We hebben in eerdere paragrafen al op bruikbare vragen gewezen. Nu zullen we een aantal taalvaardigheden beschrijven – wat zeggen we hoe, op een zo elegant en eenvoudig mogelijke wijze, zodat we de betrokkenheid van de cliënt vergroten.

Spreek duidelijk – gebruik geen jargon

Veel coaches vergeten soms dat bepaalde termen vooral door coaches onderling gebruikt worden. Als ze daar niet bij stilstaan, zullen ze de neiging hebben in een gesprek met een cliënt jargon te gebruiken. Misschien heb je wel eens medisch specialisten in ziekenhuizen – artsen, verpleegkundigen, labtechnici, fysiotherapeuten, et cetera – tegen een patiënt horen praten: het is alsof ze het tegen een collega hebben en gebruiken medisch jargon en technische woorden. Vaak zijn de patiënten zo geïntimideerd dat ze geen vragen durven te stellen en veel specialisten hebben ook niet genoeg tijd alles in duidelijke taal uit te leggen. Hetzelfde kan coaches overkomen. We zijn ervan overtuigd dat het gebruik van jargon afstand schept tussen coaches en hun cliënten.

Een collega van ons staat erop dat we toegankelijke taal hanteren. Ik hoorde een politieman eens aan iemand vragen: 'Wie houdt er verblijf in dit pand?' in plaats van: 'Wie woont hier nog meer?' Door het gebruik van dagelijkse taal weten cliënten dat ze vrijuit tegen ons kunnen spreken en dat we elkaar zullen begrijpen.

De kracht van de stilte

Bij veel mensen bestaan er misverstanden over stiltes in gesprekken. Velen denken dat wanneer cliënten stil zijn, er niets in hun hersenen gebeurt en dat ze onverschillig zijn of niet willen meewerken. Wij denken daar anders over. We zijn in de loop van de tijd de kracht van de stilte bijzonder gaan waarderen. Het hangt van de cultuur af hoe lang een stilte nog draaglijk is. Noord-Amerikaanse indianen verdragen bijvoorbeeld lange stiltes, die ze denktijd noemen en die 10 tot 15 seconden kunnen duren. De gemiddelde Noord-Amerikaan vindt 5 seconden al moeilijk te verteren. Als een coach in staat is 5 seconden stilte te verdragen, dan zal hij zich niet ongemakkelijk voelen bij wat de meeste cliënten als een eindeloze stilte ervaren. Het is een kwestie van training je cliënten de ruimte te geven na te denken over de ongebruikelijke vragen die bij oplossingsgericht coachen worden gesteld.

> **Je kunt een probleem niet oplossen met de denkwijze die het heeft veroorzaakt.** Albert Einstein

Cliënten hebben bijvoorbeeld vaak veel tijd nodig voordat ze een schaalvraag of wondervraag kunnen beantwoorden – men vindt het soms moeilijk heel emotionele ervaringen om te zetten in meetbare en telbare cijfers. Het resultaat kan echter grote inzichten opleveren, omdat het cliënten dwingt op een bepaalde manier objectief na te denken, hetgeen broodnodig is gezien de moeilijke situatie waarin ze verkeren. Woorden schieten vaak tekort als het om heel intense situaties en emoties gaat. Schaalvragen kunnen dan heel goede diensten bewijzen.

Het elegante alternatief

Veel cliënten gaan ervan uit dat het resultaat van coaching de afwezigheid van problemen is en niet de aanwezigheid van oplossingen. We horen bijvoorbeeld vaak uitspraken als de volgende:
- Ik wil me minder autoritair gedragen tegen mijn medewerkers.
- Ik loop 's morgens niet langer te mopperen tegen mijn medewerkers, ook al ben ik 's morgens meestal niet op mijn best.
- Ik stel niet langer alles uit. Het kost me veel energie om te beslissen wanneer

ik mijn boekhouding ga doen en daarom blijf ik het maar voor me uitschuiven.
- Het kost me veel energie om te besluiten of ik tijdens een vergadering mijn mond opendoe of niet. De volgende dag kan ik mezelf wel voor de kop slaan.

Dit zijn slechts enkele voorbeelden van de wijze waarop cliënten de sessie beginnen. Ze vertellen dan wat ze graag uit hun leven willen bannen. Het is echter moeilijk te meten of waar te nemen wanneer iets er niet meer is. Als cliënten merken dat ze vorderingen maken, zullen ze immers sneller gemotiveerd zijn het succesvolle gedrag te herhalen. Termen als 'in plaats van', 'liever (dan)' en dergelijke kunnen de cliënt helpen duidelijk te maken wat hij wil:
- Goed. Hoe wil je je dan liever gedragen als je niet autoritair wilt zijn?
- Ik vind het een heel goed idee dat je niet meer wilt mopperen. Maar wat wil je in plaats daarvan dan doen?
- Inderdaad, dat is zonde van je tijd. Wat wil je dan liever doen?
- Stel nu eens dat je tijdens een vergadering niet aarzelt. Wat zou je dan doen?

Er is discipline voor nodig om te achterhalen hoe je de cliënt kunt helpen met het omschrijven van gewenst gedrag, zodat hij onmiddellijk ervaart wat verandering met zich mee kan brengen.

Het concept zowel/als

Taal legt beperkingen op aan ons denken en ons uitdrukkingsvermogen, zeker op het gebied van coaching, waarbij taal het belangrijkste hulpmiddel is. Daarom is het belangrijk dat wij professionals ons bewust worden van de beperkingen en voordelen van taal. Veel talen dwingen ons te denken in tweedelingen, dat wil zeggen in termen van 'of, of' en 'zwart-wit'. Een dergelijke beperking kan kunstmatige grenzen opleggen aan onze creativiteit en aan ons denken. Mensen passen niet in een simpele zwart-witverdeling. Taal moet ook dit feit weerspiegelen. Daarom willen we de aandacht vestigen op een methode waarmee we de vele kanten van onze complexe geest met elkaar kunnen verbinden: het concept zowel/als.

Als je de neiging hebt *maar* tegen jouw cliënt te zeggen, impliceert dat dat je het niet eens bent met wat je cliënt zegt. Het woord *maar* trekt hetgeen de cliënt zegt in twijfel of doet daaraan afbreuk, waardoor de cliënt zich vernederd of veronachtzaamd voelt. Als het jouw taak is iemand aan te moedigen en te steunen bij het zoeken naar alternatief gedrag, dan zul je dat woord dus moeten vermijden.

Aan de andere kant impliceert het woord *en* dat je hetgeen de cliënt zei of deed accepteert. De boodschap is dat je steunt en stimuleert wat de cliënt suggereerde of heeft bereikt. Dit bevordert de samenwerking met de cliënt. Hier zijn enkele voorbeelden van *en*-vragen:

- Dat moet vreselijk zijn geweest – dat kan ik me heel goed voorstellen. En wat wil je dat er in plaats daarvan gebeurt?
- Ik begrijp dat je al van alles hebt geprobeerd. En welk alternatief heeft volgens jou tot nu toe het best gewerkt?
- Natuurlijk, je hebt alle reden om kwaad te zijn. En wat zou er hier vandaag moeten gebeuren om je verder te helpen, ook al is het maar een klein beetje?
- Ik begrijp wel dat je denkt dat je baas het op jou voorzien heeft. En wat denk je dat hij wil dat jij doet?

Hoe in plaats van waarom

De meeste mensen willen graag weten waarom iemand 'domme' dingen doet en waarom de cliënt op een 'onjuiste' manier denkt. De gedachte achter deze zoektocht naar de oorzaak is dat men er zeker van wil zijn dat de fouten of misvattingen geëlimineerd kunnen worden, zodat het probleem zich nooit meer zal voordoen. Een mooie gedachte. Maar als we problemen willen oplossen, dan impliceert het stellen van de *waarom*-vraag dat iemand een fout heeft gemaakt en daaraan dus schuldig is. Daardoor zal de betrokkene in de verdediging gedwongen worden en niet zo snel toegeven dat hij een fout heeft gemaakt. Dat zal de gewenste verandering alleen maar belemmeren. Het kan leiden tot een woordenwisseling, kwaadheid, defensief gedrag of zelfs ruzie.

VOORBEELD UIT DE PRAKTIJK

Soms is het antwoord van de cliënt op de wondervraag iets wat het leven juist slechter zal maken. Zo antwoordde een cliënt eens: 'Mijn man zal dood neervallen.' Dit overkwam Insoo eens. Zonder aarzelen vroeg ze de vrouw: 'Het is niet erg waarschijnlijk, maar stel dat hij dood neerviel, wat

> zou je dan doen, wat je nu niet doet?' De vrouw zweeg enige tijd en zei toen: 'Ik denk dat ik eerst mijn dochter in Californië zou opzoeken.' Insoo en zij hadden zich ten doel gesteld het leven van de vrouw een andere wending te geven. Later ging de vrouw inderdaad naar Californië, maar haar man leefde natuurlijk nog. Als men zich niet laat tegenhouden door barrières, maar eromheen gaat, ontstaan er allerlei nieuwe wegen naar oplossingen.

Wat kunnen we beter doen? De *hoe*-vraag is een uitstekende vervanger. *Hoe komt dat* is zelfs nog beter omdat het cliënten ertoe aanzet uit te leggen wat ze dachten toen ze iets negatiefs deden. Als je de juiste toon treft, zullen *hoe komt dat*-vragen de beschuldigende toon die in *waarom*-vragen doorklinkt verzachten. Vergelijk de volgende vragen eens met elkaar:

Waarom ben je vanmorgen zo laat?	Hoe komt het dat je zo laat bent?
Waarom doe je het altijd zo?	Hoe komt het dat je het zo doet?
Waarom vind je het zo moeilijk om het goed te doen?	Hoe komt het dat het zo moeilijk is? Kun je me dat uitleggen? Ik wil het graag begrijpen.

Natuurlijk spelen ook de juiste intonatie, gelaatsuitdrukking en gebaren een belangrijke rol.

'Stel ...'

Overal in dit boek tref je voorbeelden aan van het gebruik van *stel* – een wonderbaarlijk klein woord dat cliënten helpt hun verbeelding te gebruiken om oplossingen te creëren, alsof het een konijn uit een zwarte hoed tovert. Dit simpele maar krachtige woord stelt coaches en cliënten in staat het probleem over te slaan en zich op de details van de oplossingen en gewenste veranderingen te richten. Als je behoefte hebt een antwoord te voorschijn te toveren, denk dan dit kleine woordje.

Er zijn gemakkelijk talloze creatieve oplossingen denkbaar, niet alleen gezien door de ogen van de cliënt, maar ook door die van anderen, zoals kinderen, bazen, collega's, beste vrienden en zelfs huisdieren. Zo sprak een man die drie honden bezat over hen alsof het zijn kinderen waren; hij kon omstandig vertellen over hun verschillende persoonlijkheden en hoe ze bij hem terecht waren gekomen. Toen het moment voor de wondervraag aangebroken was vroeg de coach: 'Stel dat ik je honden vraag hoe zij kunnen zien dat er een wonder is gebeurd, zonder dat je ze dat vertelt. En stel dat ze kunnen praten, heb je dan enig idee wat ze zouden zeggen? Hoe zouden ze merken dat er een wonder is gebeurd en dat er voor jou een heel speciale dag is aangebroken?' De man had geen enkele moeite deze vraag te beantwoorden. Alsof het de gewoonste zaak van de wereld was antwoordde hij: 'Mijn honden zouden dat merken, omdat ik meer aandacht aan ze schenk en 's morgens langer met ze speel. Daar zijn ze gek op. Ik denk dat ik ze de laatste tijd behoorlijk verwaarloosd heb. Ik weet zeker dat ze me missen. Vroeger hadden ze meer plezier met me en stoeiden we veel vaker.'

'Goede redenen'

De twee woorden *goede redenen* kunnen eveneens wonderen verrichten als ze op een nieuwsgierige, onderzoekende toon worden uitgesproken. Je kunt ze gebruiken als je een oplossing wilt vinden voor zeurende, irriterende problemen. Neem Gary. Hij werd door zijn werkgever naar een coach gestuurd omdat hij zich ongerust maakte over Gary's gezondheid, zijn gebrek aan beweging en zijn neiging uren achtereen zonder pauze door te werken. Toen de coach het wilde hebben over de gewenste uitkomst van de sessie, zei Gary dat zijn leidinggevende wilde dat hij door de coaching 'minder betrouwbaar werd en onverschilliger zou werken' en 'niet meer zo zou opgaan in mijn werk en me minder verantwoordelijk zou voelen'. De coach was enigszins van zijn stuk gebracht door het verzoek van de werkgever, die hem immers betaalde om Gary te helpen wat luier te worden. De coach leunde naar voren en zei tegen Gary: 'Jouw baas heeft vast een goede reden erop aan te dringen dat je luier en minder betrouwbaar wordt.' 'O jazeker', zei hij, en hij legde uit dat hij bijzonder hard werkte – hij maakte lange dagen, at fastfood aan zijn bureau, nam nooit vakantiedagen op, deed niets aan beweging – en dat zijn vrouw met een scheiding dreigde en zijn huisarts hem waarschuwde voor een mogelijke hartaanval of een beroerte. Natuurlijk had zijn baas goede redenen om zich zorgen te maken over Gary.

Tentatieve taal

Tentatieve of voorzichtige taal is een uitermate bruikbaar middel, waarover alle coaches zouden moeten beschikken. Hier zijn enkele voorbeelden:

- Ik vraag me af hoe realistisch het is om …?
- Misschien is dat zo … Maar aan de andere kant lijkt het me dat je daarvoor een hoge prijs moet betalen. Wat denk je zelf?
- Dat zou kunnen gebeuren, neem ik aan …
- Het lijkt erop dat dat heel eenvoudig is. Ken je ook iemand die het gelukt is? Heb je het ooit iemand zien doen?
- Zou het kunnen zijn dat je denkt dat …?

Het voordeel van dit voorzichtige taalgebruik is dat je het met de cliënt oneens kunt zijn, zonder dat je afstand schept of hem beledigt. Als je zegt: 'Ik weet niet helemaal zeker of dat wel zo is …' dan verzacht dat het feit dat je het niet met de cliënt eens bent en jij zijn ideeën in twijfel trekt. Aangezien we geloven dat de toekomst van de cliënt wordt gecreëerd en in gesprekken vorm krijgt, kan het bijzonder effectief zijn als je dit soort taalgebruik goed leert beheersen. We proberen de cliënt immers altijd zo te beïnvloeden dat hij een goede beslissing neemt. Als je een cliënt niet direct bekritiseert, blijft er ruimte om te praten over een realistische uitkomst.

TIP UIT DE PRAKTIJK

Vraag naar verborgen wonderen.
'Wanneer was er een moment waarop een klein deel van het wonder al was gebeurd?'
Merk op dat de vraag begint met 'wanneer' en niet met 'was er', waaruit blijkt dat je ervan uitgaat dat er altijd verborgen wonderen te ontdekken vallen. Merk ook op dat vragen naar een klein deel van een wonder cliënten helpt bij het zoeken naar een antwoord.

Men zegt wel dat een coach er beter in slaagt dit ingehouden, niet-confronterende en niet-kwetsende taalgebruik in te zetten als hij er geen enkele moeite mee heeft de behoefte van de cliënt op de eerste plaats te zetten, zonder dat hij er zelf behoefte aan heeft slim gevonden en bewonderd te worden.

'Wat nog meer?'

Soms zul je de cliënt een simpele vraag willen stellen: 'Wat denk je dat je collega's zouden antwoorden op de vraag wat jij aan het team bijdraagt?' De cliënt heeft misschien meteen een antwoord klaar. Wacht enige seconden na zijn eerste antwoord en vraag dan: 'Wat zouden ze nog meer zeggen over jouw bijdrage aan het team?' De cliënt zal met nog meer details komen. Spreek je waardering daarover uit. Vervolgens kun je het nog eens vragen: 'Wat nog meer?' Wacht nog enige seconden op het antwoord van de cliënt. Je kunt zo over hetzelfde onderwerp nog vijf keer vragen 'Wat nog meer?'

Het mooie aan deze vraag is dat cliënten de complimenten van anderen beschrijven of laten zien dat ze het er in een moeilijke situatie goed vanaf hebben gebracht. Hoe langer de lijst met prestaties, des te meer cliënten gaan beseffen dat ze meer vooruitgang hebben geboekt dan ze aanvankelijk dachten. Dankzij de simpele vraag 'Wat nog meer?' krijgen cliënten de gelegenheid zichzelf te complimenteren. Met zo'n resultaat mag een coach met recht een beetje lui zijn.

Andere taken tijdens de eerste sessie

Nu we een aantal bruikbare hulpmiddelen hebben beschreven, wordt het tijd in te gaan op een aantal andere taken voor de eerste sessie. We beschouwen de eerste sessie als heel belangrijk, niet alleen omdat ze de toon zet voor de coachingsrelatie, maar ook omdat dit in meer dan de helft van de gevallen de enige gelegenheid is waarop jij de cliënt ziet. Daarom moet je ervoor zorgen de eerste sessie zo goed mogelijk te benutten.

Het behoort tot onze taak ons te richten op de behoefte van de cliënt en om in samenspraak met hem tot uitvoerbare doelen te komen. Gedurende deze fase stellen we de cliënt verschillende ongebruikelijke vragen. Goede vragen genereren nieuwe en bruikbare antwoorden. Natuurlijk hebben sommige cliënten zichzelf dergelijke vragen ook al eens gesteld, maar omdat ze ze nu hardop moeten beantwoorden, zullen de antwoorden waarschijnlijk een heel ander effect hebben. Ze worden immers gedwongen veel concreter te zijn.

Als ze in staat waren de vragen die we hun tijdens de eerste sessie stellen zelf te beantwoorden, zouden ze hun problemen waarschijnlijk zelf kunnen oplossen. Velen van hen slagen daar natuurlijk ook in.

Denkpauze en feedback

Het kan goed zijn jezelf en je cliënten een korte denkpauze te geven, die je kunt gebruiken als een overgang van problemen naar oplossingen. Uit het feit dat je een denkpauze inlast, kunnen cliënten opmaken dat je hen en hun problemen serieus neemt. Je hebt voldoende informatie verkregen om je een beeld te vormen van de situatie van de cliënt en je denkt na over de volgende stappen. Op basis van het verhaal van de cliënt en jouw observaties begin je nu een idee te krijgen van wat heeft gewerkt en wat niet effectief is geweest.

> **LEZERSEXPERIMENT**
>
> Houd een dagboek bij van positieve ervaringen. Tijdens coachingsworkshops verrast Peter de deelnemers soms met een presentje, dat eruitziet als een klein dagboekje. Op de voorkant staat 'Dagboek van positieve ervaringen'. Hij legt uit dat hij na jaren onderzoek in samenwerking met de Zwitserse papierindustrie een speciale papiersoort heeft ontwikkeld dat alleen beschrijvingen accepteert van de dingen die een coach tijdens zijn coachingsessies goed heeft gedaan, van de groei die hij als coach doormaakt en van kleine verborgen wonderen die plaatsvonden tijdens sessies die niet zo goed verliepen.
> Je kunt experimenteren met het maken van aantekeningen na een sessie, waarbij je doet alsof je op dit speciale papiersoort schrijft en alleen dingen noteert waarvan je wilt dat je ze blijft doen.

Het is goed om tijdens de denkpauze daadwerkelijk enige fysieke afstand te scheppen tussen jezelf en de cliënt. Je kunt hem verzoeken weer even in de wachtkamer te gaan zitten of buiten een ommetje te maken. Omdat je even fysiek afstand kunt nemen van een emotioneel en intellectueel belastend gesprek, krijg je een frisse blik op de situatie van de cliënt. Zo'n denkpauze is vooral zinnig als je voelt dat er spanning bestaat tussen jou en de cliënt of als je niet helemaal zeker bent over de volgende stap. Je hebt behoefte aan een objectieve blik op de doelen van de cliënt en de wegen die daartoe leiden.

Met onze feedback laten we de cliënten weten dat we goed naar hen geluisterd hebben, begrijpen wat hen dwarszit en weten welke successen ze hebben geboekt. Verder geven we een indicatie van het nut van de door de cliënt geopperde doelen. De feedback geeft suggesties over de richting waarin de cliënt het moet zoeken en ideeën voor alternatieven die hij in de praktijk kan brengen. Deze afsluiting geeft een samenvatting van wat geleerd is, wat geprobeerd is, wat niet werkt en dus niet meer gedaan moet worden, wat nog gedaan moet worden en een bespreking van de volgende stap. Of er nog een ontmoeting volgt, wanneer en hoe – in de coachingspraktijk, per telefoon, via e-mail – en hoe daarvoor betaald wordt, kan in de resterende tijd worden besproken.

Feedback bestaat uit drie onderdelen: complimenten, overbruggende opmerkingen en suggesties voor het vervolg, waar de cliënt op moet letten of een stappenplan dat hem moet helpen. Dit kan aan het begin van de sessie worden uitgelegd:

Coach: Voordat ik begin wil ik eerst even uitleggen wat je van deze sessie mag verwachten. Ik wil meer te weten komen over jou en jouw ideeën over dit coachingstraject. Het gesprek duurt ongeveer 40 tot 45 minuten en daarna zal ik je vragen om ongeveer 5 minuten in de wachtkamer plaats te nemen. Gedurende die tijd zet ik alles wat je me verteld hebt op een rijtje. Daarna kom je terug en zal ik je vertellen wat ik ervan denk.

Je zult merken dat cliënten heel nieuwsgierig worden naar de feedback. Ze luisteren meestal heel aandachtig.

Complimenten

Geef de cliënt eerst enige complimenten en beschrijf nog eens alle succesverhalen die jou tijdens de sessie zijn verteld. Een voorbeeld: Susan had hele realistische ideeën over haar werksituatie en besefte heel goed wat er mogelijk was en wat niet. De coach zou kunnen zeggen dat het heel verstandig is voorzichtig te zijn als het om zulke belangrijke beslissingen gaat als een andere baan. Dat ze niet nog eens onder aan de ladder wil beginnen, is ook begrijpelijk. Ze had allerlei goede ideeën beter voor zichzelf te zorgen, zoals vaker vrienden opzoeken, zichzelf trakteren op een saunabezoekje en zoeken naar praktische oplossingen om haar huidige baan aangenamer te maken.

Gewoonlijk zullen cliënten bij het aanhoren van deze opmerkingen instemmend met hun hoofd knikken en zelf ook nog het een en ander toevoegen. Sommige cliënten barsten in huilen uit omdat ze opgelucht zijn als ze horen dat ze op de juiste weg zitten en dat ze het eigenlijk beter doen dan ze vreesden. Velen leunen achterover, ontspannen zich, zuchten eens diep en accepteren uiteindelijk dat ze het lang niet zo slecht hebben gedaan en op de goede weg zijn.

Een voorbeeld. Een manager van een kleine, gestaag groeiende onderneming met zeventig werknemers, die bang was voor een groot communicatieprobleem, luisterde aandachtig naar de feedback van de coach en zei toen: 'Ik ben blij te weten dat ik op de goede weg zit en dat ik het lang niet slecht doe. Ik dacht dat de communicatie een probleem zou gaan vormen doordat we steeds meer werknemers in dienst hebben. Nou, ik ben blij dat ik vooral moet doorgaan met wat ik nu doe. Want dat wilde ik eigenlijk weten: is dat wat ik doe oké en kan ik daarmee doorgaan? Ik denk dat dat nu heel wat makkelijker wordt.'

Overbruggende opmerkingen

Als een coach zijn cliënten wil stimuleren dingen te doen waarmee ze verder komen, dan is het verstandig daarbij te vertellen waarom je denkt dat dat goed voor hen is. Tijdens het gesprek met de manager van het kleine bedrijf kwam de coach bijvoorbeeld te weten dat deze al van alles deed met de ideeën en meningen van zijn medewerkers in het kader van de steeds ingewikkelder wordende communicatie binnen het groeiende bedrijf. Daarom legde de coach de manager uit waarom het een goede strategie was daarmee door te gaan. Vervolgens was het zaak te letten op aanwijzingen dat zijn strategie ook bleef werken. In het volgende fragment vloeit de taak logisch voort uit de complimenten en suggesties om te blijven doen wat de cliënt doet.

Coach: George, hoe meer ik van je te weten kom, hoe meer ik onder de indruk raak van je inzichten in management: je begrijpt dat elke werknemer wil dat zijn stem meetelt en dat zijn ideeën voor het verbeteren van de productiviteit gerespecteerd worden. Je weet al wat het betekent een goede manager te zijn en bent dus al op de goede weg. Daarom moet je nu vooral doorgaan met wat je doet. Want het werkt. Ik zou je alleen nog willen aanraden te blijven letten op aanwijzingen waaruit je kunt opmaken dat wat je doet goed is voor jou en jouw bedrijf.

Meestal krijgen cliënten aan het eind van de sessie dit soort feedback. Soms moeten we echter cliënten aanraden iets anders te doen, omdat wat ze doen niet lijkt te werken.

Doe iets anders

In een klein aantal gevallen moeten we cliënten aanraden iets anders te doen. Dat dat niet zo vaak hoeft, komt doordat we vaak heel goed weten te achterhalen wat cliënten doen dat wel efficiënt is. Wij moeten cliënten aanmoedigen door te gaan met wat werkt, tot ze tevreden zijn met de vooruitgang die ze boeken. Aanleren van nieuw gedrag kost tijd en vraagt om herhaling, waarvoor een grote inspanning nodig is, ook al is men nog zo goed gemotiveerd. Maar meer doen van wat de cliënt al doet is sneller en simpeler, hoewel het niet gemakkelijk is omdat we vaak de neiging hebben te vergeten wat werkt.

VRAAG UIT DE PRAKTIJK

'Moet je tot het eind van de sessie wachten met het geven van complimenten?'
Natuurlijk grijpen we elke gelegenheid aan om een compliment te geven. Als we onder de indruk zijn van wat de cliënt ons vertelt, kunnen we ook indirect een compliment geven:
- Via waarderende uitingen: 'Verbazingwekkend', 'Echt waar?'
- Door te bevestigen hoe moeilijk de taak is: 'Ik durf te wedden dat jij dat niet gemakkelijk vond!'
- Door nieuwsgierig naar voren te leunen: 'Vertel eens, hoe heb je dat voor elkaar gekregen?'

Onze collega bedacht de term 'drieslag' als benaming voor deze specifieke wijze om cliënten over oplossingen te laten praten.

In sommige gevallen is het echter zonneklaar dat de cliënt iets anders moet gaan doen, omdat hetgeen hij doet niet werkt. Misschien kunnen we deze situatie het best beschrijven aan de hand van een voorbeeld.

De nieuwe leidinggevende

Margaret werd manager in een gezondheidscentrum omdat de voormalige manager plotseling met pensioen ging toen hij een gunstige pensioenregeling kon krijgen. Margaret solliciteerde en werd al snel aangesteld. Ze kwam vervolgens in een vreemde positie terecht: ze moest aan haar voormalige collega's plotseling leidinggeven, zonder dat ze daarvoor opgeleid was. Het gebeurt vaker dat goed functionerende werknemers na een plotselinge personeelswisseling van de ene dag op de andere manager worden.

Om de staf te laten zien dat haar promotie een goed besluit was, deed Margaret haar uiterste best. Ook wilde ze haar collega's duidelijk maken dat hun relatie met haar drastisch was veranderd. Een van haar taken bestond eruit dat ze alle uitgaande post mede moest ondertekenen om ervoor te zorgen dat de contacten met de externe relaties volgens het heersende beleid verliepen. Binnen twee dagen na haar aanstelling begon ze met rode pen allerlei correcties aan te brengen in de spelling en formulering van de correspondentie. Ze wilde zo graag indruk maken op de externe relaties en haar personeel, dat ze grammaticale fouten rood omcirkelde en documenten begeleid met instructies terugstuurde naar haar voormalige collega's om ze te laten overmaken.

Haar voormalige collega's waren woedend en geschokt – de vorige leidinggevende had zoiets nooit gedaan. Enkele van haar collega's die ook op de vacature hadden gesolliciteerd waren nog kwader. Het personeel begon zich te beklagen over haar managementstijl. Haar voormalige collega's spraken niet meer met haar en vermeden oogcontact in het voorbijgaan. Margaret besloot na enige tijd contact op te nemen met een coach omdat ze de situatie niet langer aankon.

Ze was zo geschokt door de situatie dat ze niet wist wat ze moest doen. Ze huilde bijna toen ze vertelde hoe vernederend en pijnlijk ze het vond. Ze besloot haar neiging ontslag te nemen en een andere baan te zoeken te negeren, omdat ze dat alleen wilde doen als ze daarachter stond en niet omdat ze gefaald had. De coach was onder de indruk van dit besluit en stemde erin toe haar te helpen. Ze waren het er al snel over eens dat het er niet alleen om ging de zaak te herstellen, maar ook om een nieuwe start te maken. Margaret moest het over een ander boeg gooien, waarvoor eerst enig denkwerk nodig was. Hieronder volgt een fragment van het gesprek dat daarop plaatsvond.

Coach: Het lijkt erop dat je het heel anders zult moeten aanpakken.
Margaret: Ja, dat denk ik ook. Maar hoe dan? Ik weet niet meer waar ik het zoeken moet en kan ook nauwelijks meer helder denken.
Coach: Ik weet het nog niet. Vertel me eens: hoeveel bazen heb je tot nu toe in je carrière gehad?
Margaret: O, heel veel, als ik degenen uit mijn studietijd ook meetel.
Coach: Kun je je voorstellen wat je voormalige managers in een vergelijkbare situatie zouden hebben gedaan? De beste managers onder hen, bedoel ik.
Margaret: Ik had eens een vrouwelijke manager die ik graag mocht en heel erg respecteerde. Dat is inmiddels alweer lang geleden, maar ik moet nog af en toe aan haar denken. Toen ze supervisor werd, riep ze de eerste dag het hele personeel bij elkaar. Ze had allerlei hapjes en koffie klaargezet en vertelde ons over haar achtergrond, haar gezin en haar beroepservaring. Toen vertelde ze over haar ideeën met betrekking tot de unit en vroeg ieders steun bij het verwezenlijken daarvan. Wat ik heel erg waardeerde was dat ze de patiëntenzorg wilde verbeteren. Toen ze vroeg wie haar daarbij wilde steunen, kon niemand natuurlijk weigeren.
Coach: Je hebt een erg goed rolmodel gekozen. Wil je ook zo'n soort manager zijn?
Margaret: Inderdaad. Maar ik moet je vertellen dat ik de laatste tijd helemaal niet meer aan haar gedacht heb.
Coach: Jouw situatie verschilt enigszins van die van haar, omdat zij de eerste dag iedereen meteen over haar ideeën vertelde. Je kent iedereen al. Je zult dus iets anders moeten doen dan deze vrouw. Wat wil je graag dat je teamleden over jou en jouw ideeën over het team weten? Wat voor soort hulp heb je van hen nodig om jouw ideeën te verwezenlijken?
Margaret: Ik ben de laatste dagen zo uit mijn doen geweest dat ik nog helemaal niet heb kunnen nadenken over hoe ik alles nu weer kan recht breien.
Coach: Wat zou je team van jou willen horen? Ze kennen je immers omdat ze al geruime tijd met je samenwerken.
Margaret: Ik denk dat ze me nu helemaal verkeerd inschatten en denken dat ik uit ben op macht en wil laten zien dat ik de baas ben.

Coach: Wat zou jij willen dat ze over jou als supervisor weten?
Margaret: Ik zou willen dat ze beseffen dat ik niet veel van hen verschil. Lange tijd waren we elkaars gelijken. Ik denk dat ze willen weten wat voor soort manager ik ben en wat ze van me kunnen verwachten.
Coach: Je weet ongetwijfeld heel goed wat ze van je willen. Stel dat je hen bij elkaar roept voor een teamvergadering. Hoe zou je hen daartoe uitnodigen?
Margaret: Ik denk dat ik helemaal opnieuw zou moeten beginnen en het heel anders zou moeten doen. Ik schaam me diep over mijn slechte start.
Coach: Ik vraag me af of je team dat wil horen.
Margaret: Denk je? Wat zou ik willen horen als ik hen was? Ik vraag me af wat ze willen dat ik doe.
Coach: Je stelt precies de goede vragen. Ik denk dat we het eens moeten hebben over hoe jij je die vergadering voorstelt.
Margaret: Ik zou willen dat mijn supervisor eerlijk is en open. Ik moet hun laten zien dat ik ook maar een mens ben en dus fouten maak. En dat ik daarvan kan leren. Ik wil hun mijn verontschuldigingen aanbieden en dan vertellen wat mijn ideeën over de afdeling zijn. En hun steun vragen bij het realiseren daarvan.

Ook in een moeilijke situatie blijkt het mogelijk de kennis van de cliënt over voormalige collega's te benutten, in dit geval met betrekking tot een zeer competente supervisor. Hoe gedetailleerder het beeld van de vergadering wordt ingevuld, des te beter de ideeën van de cliënt. Ze gooit het nu daadwerkelijk over een andere boeg. We zijn ervan overtuigd dat de meeste mensen bereid zijn anderen de kans te geven hun fouten te herstellen.

3 Taken tussen de sessies en follow-up

Omdat we ervan uitgaan dat veranderingen alleen maar gerealiseerd kunnen worden in de context van het dagelijks leven van de cliënt, doen we meestal een voorstel voor een experiment dat hij tussen de sessies kan uitvoeren. Dat leidt niet alleen tot kortdurende contacten, maar ook tot duurzame resultaten. In dit hoofdstuk zullen we nader bekijken hoe we beide kunnen verwezenlijken.

Richtlijnen voor experimenten en taken

We vinden de term *huiswerk* enigszins misleidend. De meeste mensen associëren huiswerk met school, en denken met enige afschuw terug aan de tijd dat ze zelf als kind huiswerk moesten doen. Leraren geven meestal huiswerk opdat de leerlingen iets nieuws leren. Daarom speelt herhaling ook een belangrijke rol, zodat de kinderen het nieuwe materiaal leren beheersen. Leraren geven ook huiswerk om achterstanden bij kinderen te verhelpen.

Daarom gebruiken we liever het woord *experimenten*, om zo de associaties die het woord huiswerk oproept te vermijden. Door het een experiment te noemen, geven we aan dat het niet om een of andere behandeling gaat die een coach voorschrijft, maar ook om iets wat een zekere speelsheid impliceert. Het resultaat van het experiment kennen we nog niet. We willen er echter wel mee aangeven dat het volgens ons gaat om 'weten door doen'. Zoals wij het zien, zullen cliënten door oplossingsgedrag te 'doen' veel inzicht verwerven in het creëren en onderhouden van oplossingen. De nadruk ligt dan ook op concrete gedragsveranderingen.

Bovendien willen we graag dat het niet blijft bij praten over oplossingen, maar dat we cliënten helpen met het realiseren van hun oplossingen buiten de coachingsessie, in hun eigen omgeving.

> **TIP UIT DE PRAKTIJK**
>
> Bij het bedenken van experimenten kun je het beste met kleine en simpele taken beginnen, die je geleidelijk aan vervangt door grotere en complexere taken. Alle taken moet de cliënt met succes voltooien.

Het doel van het experiment

Wat is eigenlijk het doel van experimenten tussen de sessies? De volgende richtlijnen zullen je helpen bij het ontwerpen van experimentele taken.

Zoals we al zeiden gaat het erom dat cliënten aangemoedigd worden meer te doen van wat blijkt te werken. Daarom moeten alle vaardigheden, handelingen of gedachten waarvan cliënten aangeven dat ze helpen en alles wat hun leven kan verbeteren, worden herhaald en aangemoedigd. Als je tijdens de sessie goed luistert naar wat cliënten vertellen over veranderingen die al voor de coaching plaatsvonden, dan zul je al snel een lijstje kunnen samenstellen met gedrag waarop je kunt voortborduren. Laat cliënten geen experiment doen waarvan ze niet weten hoe ze het moeten uitvoeren. Daardoor zullen ze alleen maar ontmoedigd raken. Zo leren ze ook niet te vertrouwen op hun eigen intuïtie. Hoe meer cliënten durven vertrouwen op hun eigen intuïtie, des te meer interne hulpbronnen ze zullen ontdekken. Moedig cliënten aan in hun eigen vertrouwde omgeving te experimenteren. Hoe vaker ze doen wat goed voor hen is, des te sterker ze het gevoel krijgen dat ze op de juiste weg zijn en hoe groter hun zelfvertrouwen zal zijn. Daarom kun je het experiment ook beter zo ruim mogelijk omschrijven.

We denken dat de criteria voor experimenten ons respect voor de cliënt weerspiegelen. We hebben er vertrouwen in dat ze het zullen doen en dat ze weten wat goed voor hen is. Zo lang ze zich aan juridische en ethische regels houden, respecteren en accepteren we de keuzen die ze maken.

Welke taken kunnen het leven van cliënten een beetje verbeteren?

Voorstellen voor experimenten: denken, observeren en doen

Wil iemand veranderingen bewerkstelligen, dan zal hij anders moeten gaan denken. Zo had een cliënte bijvoorbeeld als doel geformuleerd dat ze eerst moest nadenken voor ze iets zei. 'Ik zeg meestal eerst iets en dan is het te laat, want dan is het onheil reeds geschied.' Tijdens de eerste sessie ging ze dankzij de wondervraag begrijpen wat ze anders zou kunnen doen. Anders denken is een logische eerste stap in het veranderingsproces, maar niet de enige. Ze had zich voor coaching aangemeld, omdat ze zich wilde voorbereiden op een sollicitatiegesprek en wilde voorkomen dat ze dingen ging zeggen waar ze spijt van zou krijgen. Het volgende gesprek vond plaats kort na het sollicitatiegesprek. Ze vertelde dat ze tijdens het sollicitatiegesprek steeds aan het wonderbeeld had moeten denken.

Coach: Ik moet zeggen dat ik onder indruk ben. De meeste mensen hebben tijdens een sollicitatiegesprek zoveel last van spanning dat ze niet in staat zouden zijn daaraan te denken. Wat deed je precies om ook aan het wonderbeeld te kunnen blijven denken?
Cliënt: Ik denk dat ik mezelf gedwongen heb niet aan mijn zenuwen te denken. Ik stelde me voor dat ik rustig was en dat alles goed zou gaan.
Coach: Daar kan ik me wel iets bij voorstellen, maar ik ben vooral onder de indruk van de manier waarop je met de stress bent omgegaan. Het klinkt alsof je heel rustig bent gebleven en vol zelfvertrouwen was.
Cliënt: Ik geloof het wel, toch?
Coach: Jazeker. Wat kun je doen om ervoor te zorgen dat je voortaan eerst nadenkt voordat je iets zegt?
Cliënt: O, ik denk dat dat niet meer zo moeilijk is, want ik was knap gespannen tijdens het sollicitatiegesprek, terwijl andere gelegenheden vast niet zo stressvol zullen zijn.
Coach: Dat denk ik ook. Wat moet je dus de volgende keer in een vergelijkbare stressvolle situatie doen?
Cliënt: Gewoon blijven denken aan de wondervraag.
Coach: Hoeveel vertrouwen heb je erin dat dat zal lukken? Kun je dat aangeven op een schaal van 1 tot en met 10?
Cliënt: Ik denk ergens tussen 5 en 8.
Coach: Daar zit nogal wat ruimte tussen.

Cliënt: Ja, dat weet ik. De ene keer gaf ik nu eenmaal een beter antwoord dan de andere. Daarom zit er zoveel ruimte tussen. Maar voor mij is dat best goed, vind ik. Vroeger zat ik tussen 3 en 8.

Langzaam is sneller

Omdat de cliënte erin slaagde aan de stappen te denken die ze zette bij het beantwoorden van de wondervraag, kon ze in detail beschrijven hoe ze het sollicitatiegesprek kon voltooien zonder fouten te maken. We weten dus dat 1) dit iets is waarvan ze weet dat ze het kan en 2) dat het goed voor haar zou zijn om het vaker te doen.

Het volgende dat we de cliënt aanraden is te blijven doen wat werkt. Maar omdat coaches graag willen dat het hun cliënten snel beter gaat, kunnen ze te ambitieus worden en hun cliënt aanzetten nog meer te bereiken, in een nog kortere tijd. Het is echter belangrijk om het langzaamaan te doen en het simpel te houden. Er is veel discipline voor nodig om de juiste koers te houden en cliënten niet te dwingen te snel te veel te doen. Blijf dezelfde succesvolle stappen herhalen. Zo was het voor deze cliënte alleen maar nodig om aan de wondervraag te blijven denken.

Het onderstaande fragment betreft een boodschap die de cliënt na een korte denkpauze kreeg. Het is een voorbeeld van een compliment dat een coach kan geven voor wat cliënten vertellen dat ze hebben gedaan. Het is verstandig om uit te leggen wat de achterliggende reden voor de taak is en welke stap de cliënt vervolgens moet nemen.

Coach: Ik moet je zeggen dat ik bijzonder onder de indruk ben van wat je hebt gedaan. De meeste mensen vinden het erg moeilijk om geconcentreerd te blijven in een moeilijke situatie als een sollicitatiegesprek. Je bleef niet alleen gefocust op het gesprek, wat al moeilijk genoeg is, maar je kon je ook nog concentreren op allerlei andere dingen die zich afspeelden. En bovendien lukte het je te blijven denken aan de wondervraag.

Door deze ervaring heb je geleerd dat als je aan de wondervraag denkt, je heel veel voor elkaar kunt krijgen. Het is verbazingwekkend om te zien dat zelfs je zelfvertrouwen zo groeide dat je een 5 tot 8 scoorde.

Je zult nu moeten uitzoeken wanneer je moet focussen en door moet gaan met wat je doet, dat wil zeggen: aan de wondervraag denken, zeker onder stressvolle omstandigheden. Let er dus op wat je doet en hoe andere mensen reageren als je aan de wondervraag denkt. Laat me weten welk verschil dat voor je uitmaakt.

Deze driedelige boodschap (compliment, overbruggende opmerking en voorstellen voor de volgende stap) moet op een natuurlijke wijze voortvloeien uit het voorgaande, zodat de cliënt de reden achter de taak begrijpt. In de boodschap werden twee denk- en observatietaken gecombineerd. De cliënte werd verzocht te blijven denken aan de wondervraag omdat de coach van mening was dat ze daar wat aan had en dat ze wist hoe ze dat moest doen. Ze kon het ook in minder moeilijke situaties doen, aangezien het haar ook in een zeer stressvolle situatie was gelukt.

De taak moet zich altijd verder ontwikkelen en nooit beperkter worden. De taak moet de cliënt de ruimte geven te improviseren en mag niet beperkt blijven tot wat de coach denkt dat nodig is. We zijn vaak verrast door de creativiteit van cliënten, die met oplossingen kwamen waar we nog nooit eerder aan hadden gedacht.

Observatietaak

Zoals we al eerder zeiden komen we door na te denken soms tot nieuwe inzichten, die ertoe kunnen leiden dat we het over een andere boeg moeten gooien. Als mensen veranderen, gebeurt dat nooit op een ordelijke wijze en bovendien doen mensen in verschillende omstandigheden ook verschillende dingen. Misschien heb je wel eens gemerkt dat je iets op een andere wijze deed en je routine hebt veranderd, zonder dat je je dat bewust had voorgenomen.

VRAAG UIT DE PRAKTIJK

'Ik heb veel met managers te maken en ze lijken te verwachten dat ze aan het eind van een coachingsessie maar uit een beperkt aantal opties hoeven te kiezen. Moet ik hun dat afraden?'

Wat betreft hun eigen leven zijn ze hun eigen expert, en ze zullen zelf het beste weten hoe ze hun leven kunnen verbeteren. Misschien werkt het wel als ze met een beperkt aantal opties aan de slag moeten. Als dat echter niet blijkt te werken, zou je iets anders kunnen proberen.

We hebben gemerkt dat cliënten hetzelfde doen. We raden hen aan na te denken of te bekijken wat er goed gaat in hun leven en wat ze niet willen veranderen. Het zal hen geruststellen als ze merken dat er veel meer dingen goed gaan dan ze dachten.

Experimenten die patronen doorbreken

Hoewel we minder vaak cliënten aanraden iets geheel anders te doen dan ze gewend waren, is dat vaak wel leuker voor coaches en cliënten – ze kunnen dan hun verbeelding meer de vrije loop laten. Bovendien kan zelfs een kleine verandering de hoop doen opleven dankzij een nieuwe, frisse benadering van de frustrerende problemen. Aangezien we in hoofdstuk 4 uitgebreid ingaan op technieken om de dingen anders aan te pakken, raden we je aan dat hoofdstuk nu te lezen, om daarna weer met dit hoofdstuk verder te gaan. Hieronder presenteren we enkele gemakkelijk uitvoerbare ideeën om de zaak een andere, positieve wending te geven. Gebruik je creativiteit om dingen te bedenken waarmee jouw cliënt geholpen kan worden het patroon van mislukkingen te doorbreken.

Doe alsof een wonder is gebeurd

Als cliënten een helder beeld hebben van een wonderdag waarop hun doelen gerealiseerd zijn, en ze bereid zijn de noodzakelijke stappen te zetten om de gewenste oplossingen te realiseren, suggereer dan om te doen alsof het wonder al gebeurd is. Aangezien coach en cliënt gedurende de sessie zo'n 20 tot 25 minuten wijden aan de details van het wonder, zal er een duidelijk beeld ontstaan van de oplossing. Deze suggestie werkt vaak erg goed bij cliënten die bereid zijn een verandering tot stand te brengen. Je kunt de cliënt ook aanraden niets te vertellen over wat hij gaat doen, maar om dat voor zichzelf te houden. Hij moet opletten wie de veranderingen bij hem het eerst opmerkt en hoe anderen erop reageren.

Je kunt het beste ook met de cliënt overleggen over wanneer en hoe vaak hij het experiment gaat uitvoeren – welke dag van de week, hoeveel keer, et cetera. Nogmaals, meer is niet altijd beter. Je kunt het experiment het beste goed plannen. Het moet de cliënt in zekere zin zo gemakkelijk mogelijk gemaakt worden, zodat de kans toeneemt dat hij het experiment ook daadwerkelijk uitvoert. Maak er een plezierige, interessante en leuke oefening van, zodat hij gemotiveerd raakt. Zoals het bekende gezegde luidt: *als je weet wat je zoekt, dan zul je het ook vinden.*

Doe alsof je een punt hoger scoort

Als variatie kan de cliënt ook doen alsof hij een punt hoger scoort. Het enige verschil is dat tijdens de sessie de details van de verschillende schalen besproken moeten worden. Cliënten zullen moeten bepalen of ze geleidelijk aan stijgen of dat in sprongen kunnen doen. Ook hier is het een goed idee de taak te laten uitvoeren op de werkplek of in contacten met degenen met wie de cliënt werkt, zodat kan worden waargenomen of de veranderingen door anderen worden opgemerkt en ondersteund.

> **TIP UIT DE PRAKTIJK**
>
> Zo kun je experimentele taken ter sprake brengen:
> - 'Ik vind ook dat het tijd wordt iets te doen.'
> - 'Omdat je me ervan hebt overtuigd dat je serieus aan de slag wilt gaan …'
> - 'Aan de ene kant denk ik dat je iets moet gaan doen, maar aan de andere kant kan het geen kwaad er nog wat langer over na te denken …'

Gooi een munt op

Een muntstuk opgooien kan goed zijn bij cliënten die het idee hebben dat ze steun van buitenaf nodig hebben. Als ze het gevoel hebben dat ze hun ongewenste gedrag niet zelf kunnen veranderen, heeft het niet veel zin hen ervan te proberen overtuigen dat ze hun leven in eigen hand moeten nemen.

De uitsteller

Een zeer intelligente, goed opgeleide directeur, meneer Taylor, heeft zijn hele leven al de neiging dingen uit te stellen. Hij dacht dat hij veel meer voor elkaar zou krijgen als hij niet zo veel tijd verloor met uitstellen. Hij meende dat hij daarin nooit verandering in zou kunnen aanbrengen. Hij vertelde dat hij 'alles wat ook maar menselijkerwijs mogelijk was' had geprobeerd. Er waren beslist af en toe

dagen dat hij productief was, maar dan verviel hij al snel weer in zijn oude gewoonte, waarna het heel lang duurde voor hij weer productief was. Toen hem gevraagd werd wat hij deed om weer productief te worden, kon hij daar geen duidelijk antwoord op geven. Dit leek het juiste moment eens een munt op te gooien. De coach was echter bang dat een machtige, hoogopgeleide en succesvolle directeur als meneer Taylor het een absurd idee zou vinden zijn beslissingen te laten bepalen door het opgooien van een muntstuk. Hij vroeg meneer Taylor of hij bereid was iets buitenissigs te proberen. Meneer Taylor antwoordde dat hij wanhopig was en alles wilde proberen, als het maar legaal en ethisch verantwoord was. Op een schaal van 1 tot 10 schatte hij zijn bereidheid in op een 9. De coach gaf meneer Taylor een buitenlands muntstuk dat hij over had van een vakantiereis. Hij gaf de volgende opdracht: zodra meneer Taylor weer op zijn werk was moest hij de munt op een duidelijk zichtbare plek in zijn kantoor leggen. Als zijn innerlijke discussie weer begon of als hij de neiging voelde opkomen weer iets uit te stellen, moest hij de munt pakken, in de lucht werpen, opvangen en kijken welke zijde boven lag. Als het kop was moest hij de taak onmiddellijk uitvoeren, ongeacht hoe hij zich daarbij voelde. Was het munt, dan diende hij de taak uit te stellen, eveneens zonder rekening te houden met zijn gevoelens. Aangezien hij een drukbezet man was, was het de vraag hoe lang hij moest wachten tot hij weer een munt op kon gooien. De coach en meneer Taylor werden het erover eens dat hij telkens ten minste twee uur zou moeten wachten. Dat was zijn eigen idee, omdat hij schatte dat hij meestal ongeveer twee uur tijd verspilde.
Twee weken later kwam meneer Taylor voor de volgende sessie. Hij vertelde dat het goed ging en dat hij tevreden was over de adviezen. De coach was benieuwd hoe meneer Taylor het experiment had uitgevoerd. Hij legde uit dat hij het bij een paar gelegenheden niet prettig gevonden had de taak uit te stellen en hij vervolgens de munt net zo lang had opgegooid tot er kop verscheen. Daar moesten de coach en meneer Taylor hard om lachen. Tijdens de bespreking van het experiment realiseerde meneer Taylor zich dat hij het thuis ook zou kunnen proberen. Aangezien het leek te werken, werd de coaching na twee sessies beëindigd.

De internetsurfer

Hoe komt het dat het werkte? We hebben geen idee waarom het voor meneer Taylor en veel andere cliënten heeft gewerkt. Het werkte zelfs bij een jonge vrouw, Michele, die zichzelf als een dwangmatig internetsurfer beschouwde. Ze had ergens gelezen dat het een verslaving was en vroeg of coaching haar daar vanaf kon helpen. Ze kwam er flink mee in de problemen omdat ze steeds achterliep met haar werk en haar leidinggevende haar een keer had betrapt toen ze naar haar beeldscherm zat te kijken en in lachen was uitgebarsten. Op andere momenten had hij haar aangetroffen terwijl ze in een soort trance was en zich niet meer bewust leek van haar omgeving. Ze was het ook moe het stiekem te doen en steeds maar waakzaam te moeten zijn om te zien wie er naar haar keek. Ze had het gevoel haar leven niet meer in de hand te hebben en was bang haar baan kwijt te raken. Haar werd ook aangeraden met een munt te gooien en na twee sessies was haar surfgedrag onder controle. Het verdween niet, maar ze had besloten elk uur een munt op te werpen en per keer maximaal 10 minuten te surfen, wat volgens haar een enorme vooruitgang was.

LEZERSEXPERIMENT

Het is niet altijd gemakkelijk iets waarover je hebt gelezen zelf in de praktijk te brengen. Ten eerste weet je nooit of de juiste gelegenheid om iets uit te proberen zich zal voordoen. We hebben een suggestie voor een voorspellingsexperiment: kijk gedurende de volgende vijf dagen voor je met werken begint op je planning en doe een voorspelling. Als je denkt dat je de gelegenheid zult krijgen iets te proberen waarover je gelezen hebt, markeer dan de pagina met een X. Als je denkt dat dat niet zal gebeuren, markeer je de dag met een O. Neem aan het eind van de dag even de tijd om te kijken of jouw voorspelling is uitgekomen.

We hebben er allemaal moeite mee als ons gezegd wordt wat we moeten doen. Zelfs als het onze eigen innerlijke stem is die tegen ons tekeer gaat, zullen we de drang tegen de regels in te gaan niet kunnen onderdrukken. En toch lijkt het gemakkelijker om 'naar een domme munt te luisteren', zoals een cliënt het eens zei. Soms kan het heel prettig zijn geen beslissing te hoeven nemen, en te doen wat een ander of iets anders ons opdraagt. Bij zoveel keuzen en alternatieven, zo legde een cliënt eens uit, is het 'een opluchting eens niet gedisciplineerd te hoeven zijn en lekker te mogen aanmodderen.'

Voorspellingsopdracht

Voorspellen is ook een geschikte opdracht voor cliënten die altijd van tevoren willen weten waar ze de volgende dag of week aan toe zijn. Een andere groep cliënten waarvoor deze opdracht geschikt is, zijn cliënten die hun eigen vermogens onderschatten en denken dat ze het veel slechter doen dan in werkelijkheid het geval is. Aangezien deze mensen vaak niet gerust te stellen zijn, kun je hen beter zichzelf laten beoordelen, zodat ze zichzelf kunnen overtuigen. Voorspellen kan het meest effectief gebruikt worden in combinatie met schaalvragen.

Deze opdracht kan op twee manieren worden uitgevoerd. De eerste is door een munt te gebruiken om te voorspellen of de volgende dag een goede of slechte dag zal zijn. De munt staat maar twee uitkomsten toe: goed of slecht. Bij de tweede manier wordt er een tabel gemaakt (zie hieronder). Sommige cliënten zijn gek op tabellen en grafieken. Veel mensen zijn ook gevoelig voor visuele prikkels. Net als bij andere taken is het belangrijk een reden te geven voor dit experiment. Je zou iets kunnen zeggen in de trant van: 'We moeten even kijken hoe je het doet omdat we een referentiepunt nodig hebben om de passende oplossing te vinden', om vervolgens de procedure uit te leggen. Het doel daarvan is de cliënt te laten zien hoe vaardig hij reeds is in het maken van de juiste keuze, ook al ziet hij dat zelf nog niet. Als de cliënt zijn tabel laat zien, weet je gelijk hoe het met de voorspelling en de uitkomst is afgelopen. Stel bijvoorbeeld dat de coach meneer Taylor een voorspellingsopdracht had gegeven. De coach kan hem het volgende over het experiment vragen:

1. Als meneer Taylor voorspeld heeft dat maandag een 5 krijgt, wat wist hij dan over de planning van die maandag waaruit hij kon opmaken dat hij een 5 zou scoren?
2. Toen meneer Taylor aan het eind van de dag de tabel bekeek, wat was er die dag dan anders dat maakte dat hij het iets beter deed dan hij had voorspeld? Wat heeft hem gedurende de dag zo verrast dat hij zichzelf op een 6 zag? Wat deed hij anders dan hij had verwacht?
3. Meneer Taylor voorspelde dat hij dinsdag een 6 zou halen. Wat heeft hij overdag gedaan waardoor hij een 7 scoorde? Wat zouden zijn collega's of werknemers zeggen als hun gevraagd werd of ze hadden gemerkt wat er op dinsdag anders was?
4. Wat heeft hij dankzij dit experiment over zichzelf geleerd? Hoe kan hij wat hij heeft geleerd in zijn leven inpassen?

5 Wat moet hij doen om op een 7 te blijven? Als zijn leven op hetzelfde niveau zou blijven, zou hij dan zeggen dat het goed gaat?

TABEL VAN VOORSPELLINGEN EN UITKOMSTEN		
Dag	Voorspelling (gemaakt op zondag)	Uitkomst (gecontroleerd op maandag)
Maandag	5	6
Dinsdag	6	7
Woensdag	7	6,5
Donderdag	6	7

INTERESSANTE CIJFERS

Een onderzoek van BFTC (Brief Therapy Family Center, Milwaukee) liet interessante resultaten zien. Gedurende een periode van een half jaar kregen cliënten geen experimentele taken. Het succespercentage van deze gevallen bleef ongeveer op hetzelfde niveau, 85 procent. Het aantal sessies per cliënt nam echter toe van 2,9 tot 4,2.

In de volgende paragraaf beschrijven we de follow-up van de tweede en daaropvolgende sessies, tot het moment van afscheid nemen gekomen is.

Als het beter gaat

Na even over koetjes en kalfjes gepraat te hebben, begint de tweede, derde en volgende sessie meestal met een vraag van de coach: 'Zo, wat is er beter gegaan sinds de vorige keer?' Een andere goede vraag is: 'Wat is er sinds de vorige keer veranderd in je leven?' Let op de formulering van deze vraag. De coach vraagt niet: 'Is er iets ten goede veranderd?', 'Is er iets veranderd?' of 'Welke veranderingen heb je gerealiseerd?' Hij formuleert het zo dat duidelijk is dat hij ervan uitgaat dat er iets beter gaat of anders is en dat hij daarin geïnteresseerd is, hoe klein de verandering ook is. We hebben in de loop der jaren geleerd dat veel cliënten zich onder druk voelen gezet door het woord 'beter'. We zijn allereerst geïnteresseerd in welke veranderingen cliënten hebben bewerkstelligd, of het beter gaat, hetzelfde is gebleven of slechter is geworden. Zelfs als de vraag zo wordt geformuleerd, zal de meerderheid van de cliënten zeggen, of het nu om de tweede of de tiende sessie gaat: 'Ja, een klein beetje', 'Je zult vast niet geloven wat ik je nu ga vertellen' of 'Ik wist dat je dat ging vragen, dus daarom heb ik daarover op weg hierheen nagedacht'. In het algemeen kunnen cliënten op drie verschillende manieren reageren. Een verrassend groot aantal van hen vertelt over positieve veranderingen. Bijvoorbeeld Susan, die we in hoofdstuk 2 hebben leren kennen en die we in het volgende voorbeeld terugzien. Een kleiner aantal zegt: 'Ongeveer hetzelfde' of: 'Er is niets veranderd.'

We zullen eerst ingaan op wat de meeste cliënten zeggen, dat wil zeggen, dat het beter gaat.

Susan en de twee bazen, deel 2

Na enig gepraat over koetjes en kalfjes begon de coach de sessie met de vraag: 'Zo, Susan, wat is er beter gegaan sinds de vorige keer, ook is het maar een klein beetje?' Er waren twee weken verstreken sinds de eerste sessie. Tot verbazing van de coach leek ze het niet moeilijk te vinden de vraag te beantwoorden. Een grote verbetering was dat ze haar situatie op haar werk veel beter aankon. Het was zelfs zo goed gegaan dat ze dacht dat ze zou blijven en het wel uit zou kunnen houden met haar twee bazen, Robert en John. Het was alsof er een zware last van haar schouders was gevallen en ze vond het heel prettig dat ze de keuze had te blijven of niet. Ze kon zich goed voorstellen dat ze bleef, maar ook dat ze weg zou gaan.

Coach: Nou, dat is geweldig. Fijn om te horen. Als je het goedvindt kom ik hier zo direct op terug. Vertel me eerst eens wat er de afgelopen twee weken nog meer beter is gegaan.

METAFOOR VAN DE BLOEMENTUIN

Vragen wat er beter is gegaan, is als een wandeling door een tuin maken om te controleren hoe de bloemen ervoor staan. Misschien heeft een lelie wat bladeren verloren, die nu op het grasveld liggen. De favoriete rozen-

> struik is mogelijk beschadigd door een paar kinderen. Op het eerste gezicht ziet de rest van de bloemen er ongeschonden uit. Als je wilt zien of er planten zijn gegroeid, moet je dichterbij gaan kijken. Je moet je geheugen gebruiken om kleine verschillen te kunnen zien en aspecten kiezen waaraan je groei kunt aflezen – alsof je met een zaklamp in het donker schijnt om iets te vinden.
> Ten slotte vind je een anjer die zich een klein beetje meer lijkt te hebben geopend. Misschien heb je wel een vergrootglas nodig om hele kleine blaadjes te kunnen zien, die niet alleen zijn gegroeid, maar ook een heel intense kleur hebben gekregen. En nadat je één kleine aanwijzing voor groei hebt gevonden, zie je die opeens overal in je tuin.

Susan vertelde dat ze gek was op haar aantekenboekje van zelfzorg, en ze was zo trots op sommige dingen die ze erin had opgeschreven dat ze die zelfs had voorgelezen aan haar beste vrienden. Daardoor besefte ze dat ook haar sociale leven erop vooruit was gegaan. Ze was ten minste eenmaal per week met haar vrienden uitgegaan, soms zelfs op doordeweekse dagen.

Ten slotte had ze een interessante vacature gezien. Ze had al haar moed bijeengeraapt en gebeld voor informatie. Ze had vervolgens zelfs gesolliciteerd en wachtte nu op een reactie. Ze vertelde dat ze minder druk voelde een andere baan te zoeken omdat het op haar werk beter ging, zelfs met haar twee bazen. Ze zei dat ze goed wilde onderzoeken wat de nieuwe baan met zich meebracht, maar dat ze zich niet zou laten opjagen. Ze vertelde dat het heerlijk was dat de druk was weggevallen en dat ze de tijd kon nemen om rustig om zich heen te kijken. De coach en Susan concludeerden dat het een groot verschil maakte als je zelf rustig de beslissing kunt nemen om weg te gaan en je niet gedwongen voelt een andere baan te zoeken.

De eerste minuten van de sessie werden gebruikt om een overzicht te krijgen van alle levensgebieden waarop verbetering was opgetreden. Deze kleine, maar substantiële successen kunnen vervolgens dienen als een fundament waarop kan worden voortgebouwd. We hebben gemerkt dat hoe langer de coach bij de successen stilstaat, des te meer zelfvertrouwen de cliënt krijgt. Het ene voorbeeld doet hem vervolgens aan een volgend succes denken. Als de cliënt een lange lijst met antwoorden heeft gegeven op de vraag 'Wat is beter gegaan?' kun je vervolgens in detail bekijken hoe de cliënt de successen tot stand heeft gebracht, zoals uit het volgende fragment blijkt.

Coach: Er zijn dus veel dingen beter gegaan. Waar ben je het meest trots op?
Susan: Waarschijnlijk het feit dat Robert en John vinden dat ik een waardevolle en competente kracht ben.
Coach: Hebben ze dat gezegd?
Susan: John heeft zelfs een keer een bedankbriefje op mijn bureau gelegd toen ik na werktijd een rapport voor hem had afgemaakt. Robert is nu veel beleefder. Tegenwoordig groet hij me 's morgens. Hij vroeg ook een keer hoe het me afging, met twee bazen. Ik heb een voorstel gedaan om het werk beter te organiseren. Hij ging daarin mee en zei dat ik altijd zo mijn best deed om alles nog efficiënter te doen.
Coach: Hoe heb je dat voor elkaar gekregen? Dat lijkt me niet gemakkelijk.
Susan: Eigenlijk wel. Hij behandelt me nu met veel meer respect.
Coach: Dus hij toont meer respect. Heb je mogelijk iets gedaan waardoor het voor hem makkelijker was om respect te tonen? Heb je enig idee wat dat kan zijn?
Susan: Dat denk ik wel. Dat begon een paar weken geleden, vlak nadat ik bij jou was geweest. Hij kwam mijn kamer binnengestormd. Ik had hem horen aankomen en ik herinner me dat ik hem recht in de ogen keek toen hij binnenkwam, alsof ik zei: 'Wat doe jij hier, jongeman, zonder zelfs maar te kloppen?' Ik zei helemaal niets en wachtte rustig tot hij wat zou zeggen. Voor het eerst zei hij: 'Susan, zou je alsjeblieft ...' Het was alsof hij begreep dat ik niet meer met me liet sollen.

Susan zei dat ze nu een 6 scoorde op de vorderingenschaal. Ze gaf een 8,5 voor haar vertrouwen dat ze die 6 zou behouden. De belangrijkste vraag was nu of ze meer energie zou moeten stoppen in het zoeken naar een andere baan of van haar succes moest genieten en voorlopig zou blijven waar ze zat. Ze twijfelde nog, maar genoot ondertussen van de huidige toestand. Ze wilde wachten op de reactie op haar sollicitatiebrief en zien wat er vervolgens mogelijk was. De coach merkte op dat er veel zelfvertrouwen voor nodig is rustig de tijd te nemen om de mogelijkheden tegen elkaar af te wegen. De rest van de sessie werd gekeken hoe Susan het voor haar nieuwe gevoel dat ze door haar bazen gewaardeerd werd, kon laten voortduren. We keken ook hoe ze kon omgaan met de pieken en dalen die het veranderingsproces gewoonlijk kenmerken. Ze vertelde dat ze het vreemd vond iets mee te maken wat ze nog niet eerder had ervaren.

> **TIP UIT DE PRAKTIJK**
>
> Als je over een langere periode met cliënten werkt (bijvoorbeeld in het kader van een managementontwikkelingsproject), dan kun je aan het begin van de sessie vragen of er dingen zijn die de cliënt wil bespreken, zodat je er zeker van bent dat je ook werkelijk toekomt aan alles wat de cliënt wil bespreken. Voordat je op een punt ingaat, moet je eerst vragen wat er beter is gegaan. Sessies zullen productiever zijn als je eerst naar successen kijkt en dan pas naar de uitdagingen en problemen.

Na de denkpauze complimenteerde de coach Susan en vertelde hij onder de indruk te zijn van alles wat ze sinds de eerste sessie had bereikt: ze had goed voor zichzelf gezorgd, had respect verworven op haar werk en had besloten om te wachten welke nieuwe mogelijkheden zich zouden voordoen. Na in totaal drie sessies gaf Susan aan dat ze geen behoefte meer had aan coaching. Ze zei zeker terug te komen als dat nodig zou blijken te zijn.

Benadrukken dat het de verdienste is van de cliënt

Zelfs als het veel beter gaat dan voorheen, hebben veel cliënten de neiging te denken dat dat de verdienste is van anderen of de omstandigheden. Effectief coachen betekent dat cliënten geholpen moeten worden de successen voor zichzelf te claimen en te erkennen dat zij de positieve veranderingen zelf veroorzaakt hebben. Je kunt cliënten beter niet de les lezen of ongevraagd commentaar geven. Het getuigt van meer respect als je cliënten de gelegenheid geeft zichzelf te complimenteren. Dat kun je doen aan de hand van de volgende vragen:

- Wat denk je dat dat mogelijk heeft gemaakt?
- Waar heb je dat geleerd?
- Heb je daar een verklaring voor?
- Stel dat je beste vriendin gezien heeft dat je dat deed. Wat zou ze dan gezien hebben en waarvoor zou ze jou een compliment hebben gegeven?

- Weet je nog wat schaalvragen zijn? Ik ga je er een paar stellen. Stel dat 1 staat voor hoezeer je wilde dat er verandering kwam in de situatie met jouw bazen en dat 10 betekent dat je het doel dat je hier hebt geformuleerd, hebt bereikt. Welk cijfer zou je je huidige situatie dan geven?
- Kun je op een schaal van 1 tot en met 10 aangeven hoeveel zelfvertrouwen je hebt, waarbij 10 betekent dat je vol zelfvertrouwen de huidige koers blijft volgen? Welk cijfer zou je je op dit moment geven?
- Wat zou erop wijzen dat je binnen afzienbare tijd misschien een hoger cijfer krijgt?

Het volgen van de veranderingen

Wij merken dat de meerderheid van de cliënten terugkomt en zegt dat hun leven is verbeterd. Het is belangrijk dat de coach deze veranderingen goed volgt. Zoals we al eerder aangaven, is het al een hele positieve stap dat de cliënt het initiatief heeft genomen naar jou toe te komen. Daarom kan er tijdens de eerste sessie al voortgebouwd worden op wat er daarvoor is veranderd.

VRAAG UIT DE PRAKTIJK

'Wat doe je als een cliënt alle eer van de veranderingen aan anderen toeschrijft?' U kunt dan zoiets zeggen als: 'Ja natuurlijk. Anderen hebben daaraan bijgedragen. Is er ook iets wat je zelf hebt bijgedragen? Het hoeft maar een kleine bijdrage te zijn.'

De volgende stap betreft het verzamelen van de details van de verbeteringen:
- Wat heb je gedaan om de verbetering tot stand te brengen?
- Waar is dat gebeurd?
- Wanneer is dat gebeurd?
- Wie was daarbij betrokken?
- Hoe is het gebeurd? Hoe heb je ervoor gezorgd dat het zou gebeuren?
- Wat zou je beste vriendin antwoorden op de vraag hoe ze kan zien dat jouw werksituatie is verbeterd, zonder dat je daar iets over vertelt?
- Wat is er nog meer beter?

Of de verbetering nu groot of klein is, de coach zal het succes onmiddellijk moeten vieren en moeten achterhalen welke stappen de cliënt heeft gezet om de verbetering te realiseren:
- Laat de verbetering weergeven in een schaal.
- Laat de cliënt ook beoordelen of hij denkt dat hij de verbetering kan herhalen.
- Geef de opdracht om te blijven doen wat werkt.

Als cliënten zeggen dat er niets is veranderd

Soms zegt niet meer dan 20 tot 30 procent van de cliënten: 'Het is hetzelfde gebleven' of 'Er is niets veranderd', waarmee ze aangeven dat ze geen verbeteringen hebben waargenomen. Bedenk dat het niet opmerken van verbeteringen niet hetzelfde is als geen verbeteringen tot stand brengen. Soms blijkt uit het optreden van de cliënt dat het beter met hem gaat, maar als de cliënt vindt dat er geen sprake is van verbeteringen, dan zal dat ook zo zijn.

'Hetzelfde is gebleven' betekent dat er niets slechter is geworden. Dat wijst erop dat de cliënt iets positiefs doet, de situatie is immers niet slechter geworden.
Je kunt vragen wat de cliënt heeft gedaan om de situatie hetzelfde te houden. Dat hij daarin is geslaagd betekent dat hij een terugval heeft weten te voorkomen, hetgeen een bruikbare vaardigheid is. We gaan dus altijd op zoek naar hulpbronnen, vaardigheden en het vermogen verbeteringen te bewerkstelligen. Cliënten iets nieuws leren is niet de eerste keus, maar altijd een laatste uitweg.

VOORBEELD UIT DE PRAKTIJK

Een van onze workshopdeelnemers werd door een cliënt verrast toen deze zei: 'Er is niets beter gegaan!' Omdat hij dit antwoord niet verwachtte, wist hij eerst niet wat hij moest zeggen of doen. Het duurde enige tijd voor hij iets bruikbaars had bedacht. De cliënt had in de tussentijd even kunnen nadenken en zei ten slotte: 'Nou ja, misschien vorige week dan, toen …'

De schaalvraag is heel handig om de huidige toestand van de cliënt mee te achterhalen. Er is nog andere informatie te verkrijgen met schaalvragen, zoals uit de volgende voorbeelden blijkt:
- Laat ik het je zo vragen. Op een schaal van 1 tot en met 10 staat 10 voor wat je bereikt wilt hebben als het coachingstraject voorbij is, en is 1 de vervelendste situatie waarin je zat voor je bij een coach aanklopte. Waar bevind je je op dit moment?
- Waaruit blijkt dat je een 4 scoort?
- Wat is er anders nu je een 4 scoort, vergeleken met toen je een 1 had?
- Stel dat ik je beste vriend en collega's op je werk dezelfde vraag zou stellen. Wat zouden zij jou voor cijfer geven?
- Hoe ben je erin geslaagd een 4 te behouden?
- Wat is er voor nodig één punt hoger te scoren?
- Stel dat je één punt hoger scoort. Wat zouden je beste vriend en collega's jou dan zien doen?

Terwijl ze over de antwoorden op deze vragen nadenken, beseffen cliënten vaak dat ze het er beter afbrengen dan ze dachten. Schaalvragen vertragen het gesprek meestal omdat cliënten moeten nadenken over hun score. Laat dus gerust een stilte vallen en geef de gelegenheid om na te denken.

Nieuwsgierigheid tonen kan heel bruikbaar zijn, want hoe nieuwsgieriger wij zijn, des te benieuwder cliënten zijn naar hun eigen vermogens en vaardigheden. Het kan besmettelijk zijn. Als de coach bijvoorbeeld graag wil weten hoe de cliënt erin slaagt op een 4 te blijven, zal de cliënt ook de omstandigheden en gebeurtenissen onder de loep willen nemen. We willen er hier nogmaals op wijzen dat deze nieuwsgierigheid moet blijken uit de manier waarop je iets zegt, uit stembuigingen, gezichtsuitdrukkingen en lichaamshouding.

Coach: Je zei dat je nu een 4 scoorde. Klopt dat? (*leunt voorover*)
Cliënt: Ja, dat klopt wel zo'n beetje.
Coach: Hoe lang zit je al op 4?
Cliënt: O, ik denk een week of zo.
Coach: Nou, dat is best al lang.
Cliënt: Inderdaad. Voor mij is dat in elk geval wel lang.
Coach: Ja. Wat heb je gedaan om een week lang op een 4 te blijven?

De nieuwsgierigheid van de coach kan op een verbale en non-verbale wijze tot uitdrukking komen. Voorover leunen, de wenkbrauwen optrekken, een pen pakken en opschrijven wat de cliënt vertelt en het gebruik van stembuigingen dragen er alle toe bij dat de cliënt beseft dat we verbaasd zijn over zijn successen. De coach kan de cliënt onderbreken en met een verbaasde blik vragen: '*Wat* heb je gedaan?', en daarbij voorover leunen alsof het het meest verbazingwekkende nieuws is dat de coach ooit heeft gehoord. Dankzij zijn nieuwsgierigheid kan de cliënt een nieuwe betekenis gaan geven aan 'wat beter is', 'niets is beter' of zelfs 'het gaat slechter'.

Als cliënten zeggen dat het slechter gaat

In een klein aantal gevallen vertellen cliënten dat het slechter gaat. In het verleden schrokken we daar zo van dat we de neiging hadden stil te vallen en na te gaan zitten denken over wat de cliënt zei. We kwamen erachter dat sommige cliënten gedurende 10 seconden (wat overigens lang is voor een normaal gesprek) nog eens over hun antwoord nadachten en dan zeiden: 'Er waren af en toe dagen waarop het rustiger was.' Dat was het moment waarop de coach herleefde en zei: 'Vertel eens wanneer het minder vervelend was. Welke dag was een beetje minder slecht dan andere dagen?' Daarop kunnen verrassende beschrijvingen volgen van manieren waarop cliënten zichzelf hebben geholpen. Het is daarom verstandig gebruik te maken van het zwijgen van de cliënt, zodat deze kan nadenken over kleine, maar betekenisvolle successen.

Sommige cliënten reageren op de vraag 'Wat is er beter sinds we elkaar de vorige keer zagen?' met opmerkingen als 'Beter? Hoe kom je daar nou bij? Het is juist slechter gegaan!' Dan kun je al snel teleurgesteld raken en het gevoel krijgen dat je gefaald hebt. In een klein aantal gevallen – misschien zo'n 3 procent – zullen cliënten zeggen dat ze achteruit zijn gegaan. Dat willen we natuurlijk liever niet horen, maar toch zullen we erachter moeten komen waarom het slechter is gegaan.

Het gewone ongewoon maken

Een van onze collega's, Gale Miller, zegt graag dat coaches die aan oplossingsgericht coachen doen van gewone gebeurtenissen buitengewone prestaties maken. Aangezien hij een etnomethodoloog is, zal hij ongetwijfeld gelijk hebben. Wat hij bedoelt is dat deze coaches kleine, normale, bijna onzichtbare dagelijkse gebeurtenissen verheffen tot buitengewone gebeurtenissen. Als je het vanuit de positie van de cliënt beziet, dan vergt een succes ook een buitengewoon doorzettingsvermogen en een grote inspanning.

> **Meestal begrijpen we niet wat anderen ons werkelijk willen vertellen. Er zijn alleen maar bruikbare misvattingen en minder bruikbare misvattingen.** Steve de Shazer

Een van de belangrijkste redenen waarom we benadrukken dat we de successen of problemen van cliënten nauwkeurig moeten onderzoeken, is dat er tussen grote gebeurtenissen, of deze nu positief of negatief zijn, bijzondere momenten gevonden kunnen worden die cliënten vaak over het hoofd zien. Veel cliënten, en ook coaches, denken dat het woord 'succes' of 'prestatie' betekent dat het om buitengewone of uitzonderlijk grote successen gaat. Wij geloven echter dat het leven bestaat uit talloze kleine prestaties, elke dag weer.

Stel coping-vragen

Zorg dat je je niet hulpeloos gaat voelen, maar stel coping-vragen (zie hoofdstuk 5 voor details). Een paar voorbeelden:
- Kun je vertellen hoe je al die vreselijke dingen hebt verwerkt?
- Wat doe je om alles wat je de laatste tijd is overkomen te verwerken?
- Wat heeft je het meest geholpen om alles wat je is overkomen te verwerken?
- Wat zou je beste vriend antwoorden op de vraag wat je doet om je staande te houden?
- Op een schaal van 1 tot en met 10, waarbij 10 staat voor hoe je je leven het liefst ziet, welk cijfer zou je jezelf op dit moment geven?

Zelfs in de meest benarde omstandigheden wijst het feit dat de cliënt naar jou toe is gekomen, of dat hij de tegenwoordigheid van geest heeft gehad met een coach te gaan praten erop, dat hij zich voldoende staande kan houden om ten minste een klein succes te boeken en in staat is een soort van dagelijkse routine te handhaven. Als we deze kleine successen in de context van het leven van de cliënt beschouwen als grote successen, moeten we de cliënt wel bewonderen om zijn volhardendheid en veerkracht.

Als cliënten jouw suggesties niet opvolgen

Wat moet je doen als cliënten jouw suggesties niet opvolgen? Sommige coaches hebben dit meegemaakt en raakten daardoor enigszins gefrustreerd. Andere coaches stellen deze vraag omdat ze er zeker van willen zijn dat ze goed reageren als hun cliënt zegt dat hij de gesuggereerde taak niet heeft uitgevoerd. Als coaches van mening zijn dat de huiswerktaak de oplossing is voor de cliënt of dat de taak de situatie van de cliënt aanzienlijk zal verbeteren, dan zullen ze nog meer behoefte hebben aan een antwoord. Zoals we al eerder zeiden, geloven we niet dat dat het geval is. We denken juist dat de cliënt zelf het beste weet wat werkt en wat niet werkt. Daarom gaan we ervan uit dat de cliënt goede redenen heeft de taak niet uit te voeren. Cliënten voeren vaak de volgende redenen aan:

- De cliënt had het idee dat het geen zin had.
- Het paste niet in zijn manier van leven.
- De cliënt vond een betere oplossing.

VRAAG UIT DE PRAKTIJK

'Ik kom soms cliënten tegen die vertellen dat het probleem waarmee ze aanvankelijk zaten hen niet langer dwarszit. Is het oké als ze vinden dat het beter gaat, zonder dat ze dichter bij een oplossing zijn gekomen?'
Dergelijke situaties hebben wij ook wel eens meegemaakt, en we hebben ondervonden dat er in veel gevallen geen enkel verband lijkt te bestaan tussen het probleem waarmee de cliënt kwam en de oplossingen die bleken te werken. Er zijn nu eenmaal beperkingen of problemen die niet weggenomen kunnen worden. Toch kunnen cliënten leren daar goed mee om te gaan.

Het is niet aan te raden meteen aan het begin van de volgende sessie te controleren of het huiswerk gedaan is, zoals leraren gewoonlijk doen bij het begin van een les. Cliënten zijn immers geen kinderen meer en wij zijn geen leraren die hun prestaties moeten beoordelen. Begin de tweede, derde en volgende sessie met de vraag wat er beter of anders is dan ervoor. Je hoeft cliënten niet te controleren, maar het is wel goed uit te zoeken wat ze dan wel gedaan hebben als ze spontaan vertellen dat ze jouw suggesties niet hebben opgevolgd. We geloven dat wat de cliënt zelf besluit te doen naar alle waarschijnlijkheid een betere oplossing is dan wat een coach ooit kan bedenken. We moeten ervoor waken onze ideeën over wat goed is voor cliënten door te drukken.

Een coach kan altijd zeggen: 'Ik ben blij dat je het niet hebt gedaan. Als het niet goed voelde, dan zal ik waarschijnlijk iets over het hoofd hebben gezien toen ik het je voorstelde. Wat heb je dan wel gedaan? Dat heeft vast meer geholpen.'

Als cliënten terugvallen

Het leven verloopt nooit in een gestaag stijgende lijn en daarom leren we dat we goede dagen moeten waarderen en hoe we mindere dagen moeten verwerken. We leren dat we dankbaar moeten zijn voor succes en dat we ervan kunnen genieten. Als ze horen dat een cliënt een terugval heeft meegemaakt, raken veel coaches teleurgesteld en verontrust omdat ze het gevoel hebben dat ze hebben gefaald. Deze reactie is besmettelijk en cliënten zullen al snel hetzelfde voelen. We willen natuurlijk het liefst dat onze cliënten altijd succesvol zijn, maar zo is het leven nu eenmaal niet.

Wat doen we dan bij slecht nieuws? Blijf in de eerste plaats rustig. Probeer vervolgens de vijfstappenmethode die we hebben ontwikkeld.

Het vijfstappenmodel

Het gaat om een normaal veranderingsproces. Probeer daarom bij het volgen van deze stappen nieuwsgierig te blijven naar wat er gebeurt.

Stap 1

In de eerste plaats betekent een terugval dat de cliënt eerder een succes heeft geboekt. Als er niet sprake was van ten minste een klein succes, zouden we geen terugval zien. Vraag daarom meteen naar de periode voor de terugval, toen het nog normaal was en de cliënt het goed deed. Betrek daar ook de periode bij voordat de cliënt tot coaching besloot. Vraag wat er anders was en wat cliënten hebben gedaan dat werkte. Sta jezelf en je cliënt niet toe te lang stil te staan bij mislukkingen en teleurstellingen. Vaak blijken cliënten het een verrassend lange tijd goed te doen, maar zijn ze dat vergeten. Een paar voorbeelden van bruikbare vragen:

- Wat was er anders voor dit gebeurde?
- Wat deed je toen anders dan nu?
- Hoe zou jouw beste vriend jou in die tijd beschrijven?

Stap 2
Vraag wat cliënten deden om te voorkomen dat ze nog verder terugvielen. Als een cliënte bijvoorbeeld vertelt dat ze een hele dag niets had uitgevoerd, vraag haar dan wat ze precies heeft gedaan om te voorkomen dat dat twee dagen werden. Waaraan merkte ze dat ze terugviel en wat deed ze om niet verder weg te zakken? Hoe heeft ze voorkomen dat ze dingen moest doen die ze niet wilde doen, zoals tobben, klagen of anderen de schuld geven?

Stap 3
Vraag wat cliënten deden zodra ze in de gaten kregen dat ze terugvielen. Wat was het eerste wat ze deden om weer op het juiste spoor te komen? Wat hielp daarbij? Wie heeft geholpen? Hoe wisten ze dat ze dat moesten doen? Op welke manier heeft dat geholpen?
- Welke interne of externe aanwijzingen waren er die erop wezen dat je terugviel?
- Wat heb je gedaan om weer op het juiste pad te komen?
- Wat heeft het meest geholpen om weer op het oude spoor terug te komen?

Stap 4
Vraag naar het verschil tussen de huidige terugval en de terugval daarvoor. Als daar verschil tussen is, betekent dat dat er iets aan het veranderen is. Hoe realiseert de cliënt deze veranderingen? Wat is er nog meer anders aan deze terugval? Hoe heeft de cliënt dat deze keer aangepakt? Wat zouden andere mensen zeggen over hoe de cliënt het heeft aangepakt?

Stap 5
Vraag wat cliënten van de terugval over zichzelf hebben geleerd. Hoe brengen ze deze les in de praktijk? Realiseer je dat mensen verbazingwekkend goed in staat zijn zichzelf te beoordelen. We hebben het voorrecht daarvan getuige te mogen zijn.

Wanneer neem je afscheid?

Omdat de meeste coachingstrajecten van korte duur zullen zijn, gaan we er telkens van uit dat elke sessie de laatste kan zijn. We accepteren het feit dat we niet goed kunnen beoordelen hoeveel sessies een cliënt nodig zal hebben. Daarom geven we van tevoren nooit aan hoeveel sessies er nodig zullen zijn. Dat hangt van de cliënt af. Dat is weliswaar niet goed voor het inkomen van de coach, maar het is wel de wijze waarop een praktijk gevoerd dient te worden. Zodra men weet dat jij een coach bent die cliënten efficiënt en succesvol heeft begeleid, zal het aantal verwijzingen toenemen.

> **VOORBEELD UIT DE PRAKTIJK**
>
> Toen hem aan het begin van de vierde sessie gevraagd werd wat er beter was gegaan, antwoordde een van onze cliënten: 'Ik wist vrijwel zeker dat je die vraag ging stellen. Daarom heb ik onderweg hierheen op mijn fiets al wat antwoorden proberen te bedenken.' Het zou de laatste sessie met die cliënt worden, die er duidelijk in slaagde zelf de juiste vragen te stellen en daarbij geen coach meer nodig had.

Vooruitgang meten met schaalvragen

Maak er een gewoonte van schaalvragen te gebruiken om de vooruitgang van cliënten te meten. ('Een score van 10 betekent dat je je coachingsdoel hebt bereikt. Hoe dicht ben je vandaag bij een 10?')

Hoewel het verleidelijk is cliënten aan te moedigen hun best te doen een 10 te halen, is het tegelijkertijd ook belangrijk de huidige vooruitgang te bestendigen en de druk niet al zeer op te voeren. Als cliënten erin slagen hun huidige functioneringsniveau te handhaven, dan betekent dat dat ze precies weten wat ze moeten doen om dat te bewerkstelligen. Het is belangrijk de vaardigheden en het zelfvertrouwen van cliënten te versterken. Je kunt ook schaalvragen gebruiken om te meten in hoeverre ze erop vertrouwen dat ze het huidige niveau kunnen handhaven. Pas als hun zelfvertrouwen groot genoeg lijkt mag je weer beginnen over het realiseren van het doel.

Kleine veranderingen

Soms vragen we cliënten gebruik te maken van halve punten in plaats van hele punten. We hebben ondervonden dat sommige cliënten, in het bijzonder degenen die bij alles wat ze doen heel nauwkeurig wensen te zijn, een dergelijke precieze meting op prijs stellen. Zo hebben we cliënten gehad die een schaalvraag beantwoordden met: 'Ik zou zeggen dat ik nu op 4,75 zit', terwijl andere cliënten zeiden ergens tussen een 4 en een 5 te scoren.

Dergelijke kleine onderlinge verschillen kunnen ook gebruikt worden als het zelfvertrouwen van de cliënt laag is. We letten erop dat we cliënten niet dwingen sneller te gaan dan ze aankunnen. Het gaat niet om de snelheid van de veranderingen, maar om het feit dat de cliënt langzaam maar gestaag daadwerkelijk vorderingen maakt.

Veel cliënten en coaches lijken vanzelf te weten wanneer het goed is een punt te zetten achter de coachingsessies, zonder dat ze het er expliciet over hoeven te hebben. Het is daarom goed om tijdens elk gesprek schaalvragen te gebruiken om de vooruitgang te meten. Als cliënten telkens een 7 of 8 scoren op een schaal van 1 tot en met 10, dan zullen zij en de coaches het er gemakkelijk over eens worden dat ze de sessies kunnen beëindigen. Als de cliënt zich nog onzeker voelt kun je een proefperiode afspreken, waarin de cliënt een time-out neemt en dan kan besluiten of hij de sessies hervat. Een dergelijke flexibiliteit geeft de cliënt ruimte om na te denken, hoewel het soms problemen geeft bij de planning van sessies.

4 Moeilijke situaties

Veel studenten en deelnemers aan seminars vragen geregeld wat ze moeten doen bij cliënten die hen voor specifieke problemen stellen. Daarbij gaat het om allerlei soorten mensen en situaties. Deze vraag wordt ook gesteld bij opleidingen, tijdens vergaderingen en supervisiesessies. In dit hoofdstuk beschrijven we enkele bruikbare technieken, die je kunt aanpassen aan de specifieke situatie waarin je verkeert. Door ervaringen met moeilijke situaties te beschrijven, laten we zien wat de motivatie is achter de strategieën en technieken die we gebruiken. Er is wat geduld voor nodig, maar deze technieken kun je ook leren beheersen.

We kunnen anderen niet veranderen

Gertrude maakte een nerveuze indruk en leek niet te weten wat ze van de coachingsessie kon verwachten. Ze was een elegante en imponerende vrouw van eind vijftig. Ze had levendige ogen en een gulle lach, die haar meer op een lieve grootmoeder deden lijken, dan op de hoofdboekhoudster die ze zei te zijn. Ze vertelde dat ze twee kinderen had grootgebracht, die inmiddels bijna dertig waren. Ze verheugde zich erop oma te worden. Ze was getrouwd met een ingenieur die al gedeeltelijk met pensioen was en het druk had met zijn hobby en zijn slechte gezondheid. Gedurende de wintermaanden zochten ze een droog woestijnklimaat op, dat goed was voor zijn gezondheid. Toen haar kinderen uit huis gingen, was ze keramiekcursussen gaan volgen. Ze kon hele mooie tuindecoraties maken, die ze cadeau gaf aan familie en vrienden.

> **LEZERSEXPERIMENT**
>
> Neem na de volgende sessie een moment om na te denken over de volgende punten:
> - Wat heb je gedaan waar de cliënt werkelijk iets aan had?
> - Wat heb je gedaan wat je in het vervolg vaker wilt doen?
> - Wat heb je nog niet gedaan wat je in een vergelijkbare situatie nog eens wilt doen?

Ze gaf een heel nauwgezette beschrijving van haar werksituatie. Ze werkte voor een constructiebedrijf dat het financieel voor de wind ging, ook al was er sprake van een economische dip. Ze was begonnen als boekhoudster bij de vader van de huidige baas, die de zaak bijna dertig jaar geleden opgericht had. Indertijd was zij de enige werknemer en inmiddels telde het bedrijf ongeveer vijftig medewerkers. Het probleem was dat ze niet wist wat ze met de jonge baas aan moest, die volgens haar de medewerkers koeioneerde, niet wist hoe je een bedrijf runde en geen managementvaardigheden bezat. Hij schreeuwde tegen medewerkers in het kantoor, schold hen uit en bood nooit zijn excuses aan als hij het bij het verkeerde eind had, maar gaf altijd anderen de schuld. Het was duidelijk dat Gertrude hart had voor het bedrijf en zich persoonlijk betrokken voelde. Ze wilde dat de baas de medewerkers netjes behandelde.

Ze had dus geen klachten over haar werk, want ze zou het wel uitzingen tot haar pensioen, maar ze werd zichtbaar kwaad als het over de jonge leidinggevende ging. Elke keer als ze vertelde hoe hij zich gedroeg, werd ze witheet en raakte ze geëmotioneerd vanwege zijn 'stommiteiten' en 'woede-uitbarstingen'. Ze vertelde dat de medewerkers zich volledig inzetten en goede mensen waren. Ze legde uit dat zij de man als enige de les kon lezen en op zijn fouten kon wijzen. Hij gaf dan toe dat ze gelijk had, om vervolgens weer de fout in te gaan. Ze zag niet dat zijn gedrag jegens het personeel structureel veranderde. Haar baas betuigde telkens spijt, maar viel vervolgens weer terug in zijn oude gedrag.

Ze vertelde verder dat haar baas niet intelligent genoeg was voor de universiteit – hij was 'dom' – en dat hij pas na talloze pogingen was afgestudeerd aan een kleine, onbekende universiteit. Schamper lachend vertelde ze me dat hij zijn diploma in zijn kantoor op een goed zichtbare plek had opgehangen, alsof het een 'diploma van Harvard was'.

Gezien de intensiteit van haar reactie op het gedrag van haar jonge baas had ze een luisterend oor nodig, zodat ze de ruimte kreeg naar oplossingen te zoeken. De coach begreep dat ze had geprobeerd haar jonge baas te helpen, maar dat ze dat deed door tegen hem uit te varen, in de hoop dat hij daardoor zou veranderen. Ze vond het kennelijk heel belangrijk dat hij zijn medewerkers met respect behandelde. Dat motiveerde haar: ze wilde de situatie op haar werk heel graag verbeteren. Aangezien haar inspanningen tot nu toe geen resultaat hadden opgeleverd, werd het tijd het over een andere boeg te gooien.

Kijk naar achterliggende goede bedoelingen en pogingen om te veranderen

Als cliënten zo'n sterke behoefte hebben anderen te veranderen, is het niet verstandig hun de les te lezen en voor te houden dat we anderen niet kunnen veranderen. Het is beter goed te kijken welke oplossingen zij uitgeprobeerd hebben, en welke goede bedoelingen aan hun inspanningen ten grondslag liggen. Tegelijkertijd zal de coach het moeten hebben over de gewenste uitkomst van de sessie en dient hij het doel van de sessie ter sprake te brengen.

Coach: Je bent duidelijk begaan met je collega's. Je wilt dat ze in een prettige omgeving werken.
Gertrude: Ja, de sfeer is belangrijk. Als hij zich zo gedraagt, lijdt iedereen daaronder.
Coach: Hier wil ik later nog op terugkomen. Als je aan je moeilijke baas denkt, wat verwacht je dan van dit gesprek?
Gertrude: Ik wil dat hij zijn medewerkers met respect behandelt, aardig tegen hen is en niet tegen hen schreeuwt. De sfeer wordt er helemaal door verziekt. Hij moet leren luisteren voor hij iets zegt. Maar ik weet niet of hij daartoe in staat is.
Coach: Dat kan ik ook niet zeggen. Stel dat hij het wel zou leren en niet langer tegen iedereen zou schreeuwen. Wat zou hij dan doen?
Gertrude: Ik hoop dat hij dan zou zeggen dat hij naar hen zou luisteren, maar ik weet niet of hij weet hoe dat moet.
Coach: Daar zou je wel eens gelijk in kunnen hebben. Maar toch heb je ergens het idee dat hij kan veranderen.
Gertrude: Maar als hij niet verandert, wordt de sfeer wel heel erg slecht. Ik ben

bang dat de beste medewerkers dan zullen weggaan. Waarom zouden ze nog blijven met zo'n baas?

Coach: Je maakt je bezorgd over de toekomst van het bedrijf en de werksfeer. Je geeft ook veel om hen.

Gertrude: Ja, daar ben ik nog het meest bezorgd over … omdat het niet goed voor mensen is om zo te moeten werken. Maar ja, niemand zegt er ooit iets van.

Coach: Dus je wilt dat je baas attenter en beleefd is.

Gertrude: Ja natuurlijk! Dat is toch wel het minste. Maar om de een of andere reden begrijpt hij niet dat dat voor managers volkomen normaal is. Iedereen voelt zich heel onzeker omdat niemand weet wanneer hij weer tegen je kan uitvallen.

Coach: Je kent het bedrijf van haver tot gort. Je vertelde dat je de jonge baas vrijwel hebt zien opgroeien. Ik wil graag meer weten over iets wat je zei. Waarom zou jouw baas naar jou luisteren als je hem berispt vanwege zijn gedrag, ook al vervalt hij snel weer in zijn oude fout?

Gertrude: Ik weet niet wat hij daarop zou antwoorden, maar hij weet donders goed dat ik gelijk heb. En ik ben ook helemaal niet bang voor hem, want ik kan zo met pensioen gaan. Ik heb mijn werk niet meer zo nodig, in tegenstelling tot veel collega's, die kinderen hebben of een hypotheek moeten afbetalen.

Coach: Dus hij weet dat jij gelijk hebt, dat je niet egoïstisch bent, en dat je het voor je collega's doet. Klopt dat?

Gertrude: Ja, hij weet dat ik er vanaf het prille begin bij was en hij heeft ook door dat wat ik wil goed is voor het bedrijf en het personeel.

Coach: Het is geen geringe prestatie dat je kans hebt gezien hem dat duidelijk te maken en zijn vertrouwen te winnen.

Gertrude: Ja, dan kan wel.

Coach: Ik ben ook nog naar iets anders nieuwsgierig. Jij kent je baas redelijk goed. Hoe verklaar je dat hij zo lomp en onbeleefd is?

Gertrude: Ik denk dat hij eigenlijk heel onzeker is. Hij is jong en heeft nog niet zoveel ervaring. Hij heeft het bedrijf geërfd en heeft er niet zo hard voor hoeven werken als zijn vader. Hij kreeg zijn baan alleen maar omdat hij de zoon van de baas is. Ik denk dat hij graag wil laten zien dat hij de baas is.

Coach: Dat is interessant. Misschien heb je gelijk. Wat zou hij antwoorden op de vraag wat hij eraan heeft gehad dat jij hem telkens op zijn fouten hebt gewezen?

Gertrude: (lange stilte) O, mijn hemel! Daar heb ik nooit over nagedacht … Ik heb het helemaal verkeerd aangepakt!

Moeilijke situaties

Gespreksstrategieën en -technieken die werken
Misschien is het goed even te kijken naar de gespreksstrategieën en -technieken die tijdens het gesprek met Gertrude gebruikt zijn. Misschien heb je zelf wel ideeën over de stappen die nodig waren om Gertrude te laten inzien dat ze haar strategie moest veranderen.

Goede bedoelingen
Door herhaaldelijk op de intenties van de cliënt in te gaan, werd duidelijk dat Gertrude de beste bedoelingen had en haar collega's wilde helpen. Omdat ze zo lang had samengewerkt met de oprichter van het bedrijf was ze op de hoogte van managementpraktijken. Ze wilde dat het bedrijf ondanks de slechte economische omstandigheden goed bleef functioneren. Haar inspanningen om ervoor te zorgen dat het bedrijf de moeite waard was om voor te werken, waren tegelijkertijd een manier om de eerste baas eer te bewijzen.

Stel duidelijke doelen
Een coach dient altijd even de tijd te nemen om het doel van de sessie ter sprake te brengen. Als de coach en de cliënt eenmaal weten wat het doel van het gesprek is, zal de coach het gesprek gemakkelijker in die richting kunnen bijsturen.

Hoop op verandering
Omdat Gertrude vond dat haar baas moest veranderen, was het belangrijk dat gekeken werd hoe realistisch die wens was. Ze vertelde dat ze de indruk had dat hij wist dat hij fout zat. Daarnaast dacht ze dat verandering mogelijk was, omdat hij haar kritiek accepteerde. Maar het probleem was dat hij al snel weer in zijn oude gewoonten verviel.

Expertise van de cliënt
Op verschillende momenten tijdens het gesprek besteedde de coach aandacht aan Gertrudes deskundigheid, niet alleen wat betreft het bedrijf en het managementbeleid, maar ook met betrekking tot de behoeften van het personeel en de wijze waarop het beschermd kon worden. Ze probeert werkelijk iets aan haar 'domme' baas te doen en kiest niet de gemakkelijkste weg door met pensioen te gaan. Ze zet zich in voor collega's die financieel kwetsbaarder zijn dan zijzelf.

Vergroot de inzichten van de cliënt
Alle gedragingen zijn gebaseerd op een bepaald rationeel begrip van wat mensen proberen te bereiken. Het is daarom belangrijk te weten te komen wat Gertrudes eigen verklaring is van het lompe gedrag van de baas. Ze denkt dat het voorkomt uit onzekerheid.

Laat zien welke oplossingen niet werkten
De cliënte kon een andere aanpak uitproberen, toen bleek dat haar pogingen haar baas te veranderen niet werkten. Toen de coach duidelijk had gemaakt dat haar kritiek niet werkte, kon Gertrude andere oplossingen gaan zoeken, met een betere kans van slagen.

Stel vast wat de invloed van de cliënt is
Gertrude zal nog meer gemotiveerd raken om naar een betere oplossing te zoeken, als haar duidelijk wordt gemaakt dat ze een grote invloed op haar baas heeft en dat haar intenties niet egoïstisch zijn.

Vraag wat de doelpersoon wil
De meeste cliënten denken te veel na over wat de doelpersoon verkeerd doet. Ze moeten enige afstand nemen en kijken welke benadering het best zou kunnen werken. Daarmee wordt niet alleen duidelijk welke invloed de cliënt heeft op de doelpersoon, maar het maakt het ook mogelijk voor de cliënt zich voor te stellen hoe de volgende ontmoeting met de doelpersoon eruit zal zien.

Probeer iets anders
Gertrude kan nu een effectievere manier zoeken haar baas te beïnvloeden, zodat de werkrelatie tussen hen een positieve wending kan krijgen. Zelfs een lompe baas, en zeker een die onzeker is, zal beter reageren op complimenten voor wat hij goed doet, dan op pogingen hem te laten stoppen met negatief gedrag. Het lijkt op het eerste gezicht misschien een ingewikkelde strategie, maar het is waarschijnlijk dat je deze al veel vaker toepast, zeker bij je minder moeilijke cliënten. Voor het gesprek met Gertrude moesten alle zeilen bijgezet worden. Omdat ze een intelligente en ervaren zakenvrouw was beschikte Gertrude over talloze vaardigheden, waarvan ze elke dag gebruikmaakte. Haar situatie lijkt misschien bijzonder complex en overweldigend, maar bleek niettemin goed aan

te pakken met oplossingsgericht coachen. Gertrude en haar coach kwamen slechts twee sessie bij elkaar.

Als we zouden wachten tot de ander verandert 'omdat het zijn fout is', dan kon het wel eens lang gaan duren voor dit inzicht zich in een gedragsverandering uit. Wiens fout het ook is, waarschijnlijk zullen de veranderingen in gang gezet worden door iemand met meer verstand en een pragmatische aanpak of door iemand die het nog moeilijker heeft. Er is in elk geval actie nodig om de gewenste veranderingen tot stand te brengen, wie de problemen ook heeft veroorzaakt.

> **TIP UIT DE PRAKTIJK**
>
> Zet de cliënt aan iets anders te doen, door te vragen wat het eenvoudigste is waarmee hij kan beginnen en wat het gemakkelijkst te doen is.

Zoals we bij Gertrude en de jonge baas zagen, leidden kritiek en berispingen niet tot de gewenste verandering. Het zou ook geen zin hebben Gertrude de les te lezen, aangezien ze ervan uitging dat haar collega's tegen haar waren en allerlei vervelende geruchten over haar verspreidden. Het zou een belediging voor haar intelligentie en ervaring zijn als we haar bezorgdheid met betrekking tot haar collega's af zouden doen als een soort moederlijke bemoeizucht. Ze zou eenvoudigweg zijn opgehouden met het coachingstraject, omdat ze zich niet begrepen zou voelen.

Omgaan met moeilijke mensen

Als we iemand anderen horen omschrijven als moeilijk in de omgang, dan betekent dat meestal dat de spreker bedoelt dat hij niet begrijpt hoe hij met de betrokkene moet omgaan. Het betekent niet dat de ander echt moeilijk is, maar dat de benadering niet werkt. Wat doet een coach met iemand die niet aanwezig is, maar die door de cliënt als een probleem wordt beschouwd? We hebben enkele eenvoudige, maar niet zo gemakkelijke, suggesties.

Tijdens managementtraining, vergaderingen, klantenservicetraining en coachingsessies komen moeilijke mensen geregeld ter sprake. Je zou de indruk krijgen dat bedrijven vol zitten met moeilijke mensen die het leven van anderen verpesten. Het goede nieuws is dat uit de meeste managementonderzoeken blijkt dat niet meer dan 20 procent van degenen met wie we werken als moeilijk wordt omschreven. Er is aardig wat literatuur over moeilijke of niet-meewerkende studenten, patiënten, personeelsleden en klanten. Je zou bijna gaan denken dat het aantal moeilijke mensen schrikbarend toeneemt en dat ze binnenkort de wereld overnemen. Niets is minder waar. Het lijkt alleen maar zo omdat we zoveel tijd en energie aan hen besteden door hen te analyseren, te beoordelen en te diagnosticeren. We proberen erachter te komen hoe we deze mensen kunnen veranderen en ertoe kunnen brengen om hun fouten toe te geven. Het liefst willen we dat ze van het ene op het andere moment als door een wonder in aardige mensen veranderen.

Steeds maar weer hetzelfde doen, terwijl dat niet werkt, zoals Gertrude deed bij haar baas, is weinig vruchtbaar. Patronen die zich blijven herhalen, dienen doorbroken te worden. Die veroorzaken alleen maar frustrerende en zinloze – en zelfs destructieve – interacties met belangrijke mensen.

Kijk naar wat wel werkt

Zoals we in hoofdstuk 2 zagen kennen alle problemen uitzonderingen, momenten waarop de bekende problematische patronen zich niet voordeden. Neem de interactiepatronen tussen twee mensen onder de loep. Let op wat A doet en hoe B vervolgens daarop reageert. Kijk dan hoe A reageert op de reactie van B. Veel van die reacties zijn voorspelbaar en zullen zich blijven herhalen. Kijk tegelijkertijd naar uitzonderingen die erop wijzen dat beide personen het patroon op de een of andere manier doorbreken. Ze doen om de een of andere reden iets net even anders, al is het maar gedurende 2 minuten.

We willen beginnen met een alledaags voorbeeld. Bij de meeste bedrijven zeggen werknemers als ze 's morgens op hun werk komen tegen hun collega's: 'Goedemorgen. Hoe is het?' Stel je voor dat twee mensen, Mark en Jim, zo'n gesprek hebben. Mark wordt geacht te reageren met: 'Ook een goedemorgen Jim. Het gaat prima, dank je. Wat een somber weer hè? En hoe is het met jou?' 'Met mij gaat het uitstekend, dank je.' Niemand vindt zo'n kort, alledaags gesprek problematisch, omdat het verloopt via algemeen geaccepteerde en onuitgesproken sociale regels.

Moeilijke situaties

Let goed op reacties
Stel dat Mark besluit de regel te doorbreken en op Jims groet reageert door omstandig te vertellen over zijn slechte nachtrust, dat hij zijn vrouw had moeten wekken vanwege opstandige darmen, om vervolgens in detail te vertellen wat hij, zijn vrouw en ten slotte ook zijn kinderen deden, en daarna zijn beklag te doen over het drukke verkeer waardoor hij te laat op zijn werk was. Veel mensen zullen na een verhaal over twee nachten slecht slapen beleefd zeggen dat ze blij zijn dat Mark er desondanks is en dat ze hopen dat hij zich snel beter voelt.
Stel nu eens dat Mark elke morgen zou vertellen over zijn darmproblemen, zijn bezorgde vrouw en zijn onrustige kinderen. Na vier of vijf keer zo'n verhaal aangehoord te hebben, zal Jim waarschijnlijk proberen Mark verder te mijden. Hij blijft misschien zoveel mogelijk met gesloten deur in zijn eigen kamer zitten, omdat hij zich hulpeloos voelt en niets aan Marks probleem kan doen. En zo ontstaat een patroon van vermijding van degene die sociale regels doorbreekt. Maar wat hebben deze regels eigenlijk met coaches te maken?

Patroondoorbreking
Door te weigeren in te gaan op het verhaal van Mark heeft Jim geleerd het voor hem zo onaangename patroon te doorbreken. Jims ergernis over het feit dat Mark de sociale regels overtreedt neemt tijdelijk af. Maar stel je nu eens voor dat je met iemand als Mark te maken hebt, maar dat je hem niet uit de weg kunt gaan omdat je een kamer met hem deelt of omdat hij jouw baas is en je je werkrelatie niet op het spel wilt zetten. Wat doe je dan?
Jim zal misschien een andere baan willen zoeken, vragen of hij een andere kamer kan krijgen of er op een andere manier voor proberen te zorgen dat hij Mark niet meer tegenkomt. Het is niet goed voor de werkrelatie tussen Jim en Mark als de een zich het slachtoffer voelt van de ander. Omdat we voorstander zijn van kleine veranderingen, adviseren we het patroon te doorbreken met de volgende interacties.

Wat
Kijk of het mogelijk is Jims reactie op Marks dagelijkse klacht te veranderen. Veranderingen kunnen bijvoorbeeld beginnen met de vraag: 'Hoe gaat het met je?' Jim zou de groet kunnen vervangen door het politieke nieuws van de dag, voetbaluitslagen, het verhaal van een sneeuwstorm ergens op de wereld of een

interessant kookprogramma dat hij de avond ervoor had gezien. Of hij kan beginnen over een onderwerp dat tijdens een radioprogramma ter sprake kwam toen hij in de auto onderweg was naar zijn werk. Mark kan zo gedwongen worden te reageren, zodat het gesprek ergens anders over kan gaan.

Waar
Kan het gesprek ergens anders plaatsvinden dan bij de koffiemachine of in de entreehal van het bedrijf? Experimenteer door de locatie van het non-productieve gesprek te veranderen. Hoe onverwachter, hoe beter, niet alleen vanwege het verrassingseffect, maar ook omdat de spontane interactie verrassend positieve resultaten kan opleveren. De verandering van locatie kan zelfs het onderwerp van het gesprek veranderen. Veel vergaderingen en andere belangrijke bijeenkomsten vinden plaats in een omgeving die de atmosfeer verbetert.

Wie
Ook een verandering onder de deelnemers aan het gesprek kan voor andere resultaten zorgen. Jim zou 's morgens eerst met Judy kunnen praten en niet altijd meteen met Mark. Als Judy bij het gesprek betrokken wordt kan er een nieuw patroon ontstaan, zodat het gesprek onverwachte wendingen kan nemen en dus nieuwe oplossingen kan opleveren.

Wanneer
Er wordt vaak gezegd dat een goede timing heel belangrijk is. Het maakt veel uit wanneer Jim met Mark praat. Daarom zou Jim kunnen experimenteren door op andere momenten met Mark te praten. Daardoor zal ook het onderwerp veranderen.

Hoe
Er is een bekend verhaal over Milton Erickson, die een meester was in het doorbreken van patronen bij moeilijke patiënten. Het verhaal gaat over een experiment dat hij op een druk trottoir uitvoerde. Erickson liep door een drukke straat in een stad en werd bijna omvergelopen door iemand die hem tegemoetkwam. De man wilde zonder zich te excuseren doorlopen. Erickson strekte zijn arm alsof hij op zijn horloge wilde kijken om te zien hoe laat het was. Hij zei hardop tegen de man die tegen hem was aangelopen: 'Jongeman, het is precies twee uur', en

liep een paar passen door. Een paar seconden later draaide hij zich om en zag dat de man was blijven staan en hem verbluft aankeek. Een dergelijke volkomen onverwachte en onvoorspelbare reactie kan een bekend patroon volledig doorbreken. Dit is een voorbeeld van patroondoorbreking: iets geheel onverwachts doen, zodat de ander wordt gedwongen zich op een volledig andere manier te gedragen. Het is vaak voldoende om geregeld een van de elementen van een 'interactioneel patroon' te veranderen. Moeilijker problemen vragen echter om andere strategieën.

De kleinste, gemakkelijkste en simpelste verandering

Het is verleidelijk alles in één keer te veranderen, omdat tegen de tijd dat cliënten hun situatie zo ondraaglijk vinden dat ze een coach inschakelen, ze meestal te ver doorschieten en alles willen proberen wat hun invalt. Het kan weliswaar goed voelen om van alles in één keer te proberen, maar het is vaak heel moeilijk om te achterhalen wat er nu precies heeft gewerkt en wat niet. Daarom is het altijd goed eerst iets kleins, simpels en gemakkelijks te proberen, dan iets anders te doen en vervolgens te kijken wat het beste heeft geholpen.

Om terug te komen op Gertrude: de coach kan haar helpen zoeken naar de kleinste en simpelste gedragsveranderingen bij haar baas. Met andere woorden: een coach kan haar helpen kleine verschillen te zien die een oplossing mogelijk maken.

Enkele voorbeelden

Hieronder geven we een voorbeeld van manieren waarop patronen doorbroken kunnen worden.

Gevoel voor zaken en een opgeruimd bureau

Meneer Schneider werkte als inkoper bij een groothandel in dameskleding en daarvoor moest hij geregeld op pad. Hij had daarbij de hulp van zijn assistente, Henrietta, hard nodig. Hij had veel moeite met haar. Hij vertelde dat ze het altijd druk had en alles uitstekend organiseerde, maar dat ze telefoontjes en e-mails van potentiële klanten vaak negeerde. Ze maakte alleen notities voor hem waarop de naam stond van degene die had gebeld en diens telefoonnummer. Hij wilde dat ze meer gevoel zou hebben voor zakendoen en niet alleen maar de dossiers netjes bijhield.

De coach vroeg meneer Schneider wat voor hem een aanwijzing zou zijn dat Henrietta gevoel voor zaken zou krijgen. Meneer Schneider vond het aanvankelijk een moeilijke vraag. Met veel hulp van de coach zei hij dat ze goed in staat zou moeten zijn te onderscheiden welke telefoontjes een mogelijke verkoop konden inluiden.

Later belde meneer Schneider om te vertellen dat Henrietta hem had verrast toen hij was teruggekomen van de coachingsessie. Ze had hem een notitie gegeven van een potentiële klant waarop stond: 'Meneer Cooper heeft gebeld. Het zou wel eens een grote klant kunnen zijn.' Hij stond versteld.

Hoe was dat mogelijk? Het is heel goed mogelijk dat Henrietta het al eens eerder had gedaan, maar dat hij nog nooit had gemerkt dat Henrietta wel degelijk enig gevoel voor zaken had. Dat drong pas tot hem door, toen hij was gaan nadenken over wat hij wilde dat zijn assistente deed. Nu hij dat wist, kon hij ook veel beter zien wat ze al deed. Nu zou hij haar kunnen aanmoedigen haar zakengevoel te ontwikkelen.

Het is belangrijk dat men niet handelt uit woede of boze opzet, maar dat men ervan uitgaat dat anderen de beste bedoelingen hebben, tot het tegendeel is bewezen. We weten nooit wat een ander denkt als we er niet expliciet naar vragen. Daarom is het goed ook bij problemen of in frustrerende situaties ervan uit te gaan dat anderen handelen vanuit de beste intenties. Als we merken dat het anders zit, kunnen we altijd nog van koers veranderen. We weten ook niet of Henrietta denkt dat je pas goed zaken kunt doen als je je administratie op orde hebt en je je bureau opruimt. Als meneer Schneider Henrietta ernaar zou vragen, zou hij wel eens flink verrast kunnen worden.

VRAAG UIT DE PRAKTIJK

'Als de baas de coaching betaalt, hoe kun je dan het beste de doelen van de baas bespreken?'

Een heel simpele en effectieve manier waarop je de belangen van derden ter sprake kunt brengen betreft het aanpassen van je vragen: 'Wat moet er tijdens deze sessie gebeuren om ervoor te zorgen dat jij en jouw baas vinden dat het een zinvolle sessie is geweest?'

Moeilijke situaties

Een subtiel voorstel
Een goede collega van ons, David, is schoolpsycholoog. Zijn kantoor bevindt zich direct tegenover de klas van een lerares die de hele dag tegen haar leerlingen schreeuwt. Als ze uitvaart tegen haar leerlingen kan hij elk woord verstaan. Hij kon zich daardoor vaak maar moeilijk concentreren, maar hij maakte zich nog meer zorgen over de leerlingen die de hele dag bloot werden gesteld haar harde, schelle stem. Op de school was het de gewoonte de hele dag de deur van klaslokalen open te houden om een open sfeer te creëren. Ouders, bezoekers en personeelsleden mochten de hele dag door de gangen lopen en toekijken bij de lessen. David wilde iets aan de harde stem van de lerares doen, maar hij kon haar niet direct aanspreken omdat hij niet haar leidinggevende was. Hij dacht lang na over deze situatie en concludeerde dat hij iets moest doen wat anderen gewoonlijk niet deden.

Hij besloot eerst heel vriendelijk te doen tegen de lerares. Hij maakte tijdens de lunch een praatje met haar en leerde haar een beetje beter kennen. Op een dag kwamen ze te spreken over muziek en de dromen die ze hadden toen ze jong waren. David vroeg haar of ze ooit stemtraining had gehad toen ze jong was. Tot zijn verrassing zei ze ja en vertelde ze dat ze stemlessen had gevolgd, omdat ze operazangeres wilde worden. Hij vroeg haar honderduit over de stemtraining en zij vertelde maar al te graag wat het inhield en hoe je bepaalde klanken kon maken. Hoe nieuwsgieriger hij werd, hoe enthousiaster zij vertelde over de fijne kneepjes van stemtraining en ademhalingstechnieken.

Tot zijn verrassing werd haar stem steeds zachter naarmate de weken verstreken en haar prachtige zangstem werd alsmaar welluidender. Daarbij werden ze goede vrienden en David ontdekte dat de lerares heel aardig was.

Wat heeft David gedaan om ervoor te zorgen dat de lerares zachter tegen haar leerlingen ging spreken? Wij denken dat David een aantal dingen heeft gedaan, die coaches gemakkelijk bij cliënten kunnen toepassen.
- David is erin geslaagd zijn kritiek op de lerares te laten voor wat deze is, en raakte in haar geïnteresseerd: haar hobby's, haar sociale leven, haar voorkeuren. Hij toonde op de eerste plaats interesse voor haar als persoon, niet alleen als lerares.
- David ging op zoek naar sterke kanten en vaardigheden. Omdat hij graag wilde

dat ze zachter sprak tegen de leerlingen, stelde hij vragen over stemtraining en haar muzikale belangstelling.
- Het was een prettige en onverwachte bijkomstigheid dat ze vroeger stemtraining heeft gehad.
- Door een onderwerp waar zij veel over wist ter sprake te brengen, wist David de aandacht van de lerares te richten op goed stemgebruik, zonder het ooit over haar gegil te hebben.
- Soms werken subtiele suggesties beter dan expliciet op fouten wijzen. Daardoor schieten cliënten minder snel in de verdediging.

De kracht van complimenten

Een coach werd gevraagd voor een groep wegwerkers drie lezingen over communicatietraining te houden. De lezingen vonden plaats op drie dagen verspreid over twee maanden omdat de wegwerkers niet drie dagen achter elkaar vrij konden nemen. De wegwerkers hadden niet om de training gevraagd, maar het management en de vakbond meende dat communicatietraining het aantal klachten van seksuele intimidatie zou verminderen. Steeds meer vrouwen werden wegwerker, terwijl deze sector voorheen vooral door mannen werd gedomineerd. De coach was gespecialiseerd in wetgeving op het gebied van seksuele intimidatie in de werksituatie en maakte veel gebruik van lesmateriaal over communicatie tussen mannen en vrouwen om seksuele intimidatie tegen te gaan. Klachten over seksuele intimidatie kunnen aanleiding geven tot verhitte discussies onder werknemers en leiden mogelijk tot een langdurig slechte sfeer. Rechtszaken op dit gebied zijn een kostbare zaak, niet alleen in financiële zin, maar ook wat betreft moraal en productiviteit. Daarom had het management besloten dat elke werknemer deze training moest krijgen.

Sommige werknemers waren verontwaardigd omdat ze gedwongen werden 'dat slappe geklets' over communicatie aan te horen. Bovendien was het de eerste keer dat ze les kregen van een vrouwelijke docent. Gary, die geen blad voor de mond nam, had bijzonder veel kritiek op de docente en maakte talloze grapjes in insinuerende bewoordingen. De hele klas moest erom lachen. Het was duidelijk dat Gary er die eerste bijeenkomst van genoot het haar moeilijk te maken. Ze voelde zich beledigd en vond hem respectloos omdat hij haar voortdurend hekelde, terwijl niemand het voor haar opnam en hem terechtwees.

Aan het eind van de dag verloor de coach haar zelfbeheersing en viel tegen Gary uit. Ze zei hem dat ze hem lomp en grof vond en dat niemand hem dwong de les bij te wonen. Zou hij alsjeblieft weg willen gaan en de anderen de gelegenheid willen geven iets te leren? De uitbarsting kwam totaal onverwacht en de coach voelde zich erna ellendig. Ze had geen idee hoe ze de volgende twee lessen moest doorkomen.

De coach dacht na over wat er gebeurd was en kwam tot de conclusie dat ze er niets aan had kunnen doen. Ze zou iets moeten bedenken om Gary iets te leren en om de vernedering te boven te komen. Aan het begin van de volgende lezing vertelde de coach Gary dat ze had nagedacht over wat er de vorige bijeenkomst was gebeurd. Ze was tot de conclusie gekomen dat ze een grote vergissing had begaan doordat ze niet had gezien dat Gary moed had getoond door zijn mening te geven. Ze vertelde dat ze onder de indruk was van zijn onafhankelijke houding en omdat hij risico's nam door zo eerlijk te zeggen hoe hij over de lezingen dacht. Vervolgens ging ze over op een ander onderwerp en zei ze er verder niets meer over. Ze zorgde ervoor dat ze Gary gedurende de twee resterende dagen redelijk behandelde.
Tot haar verrassing stond Gary aan het eind van die tweede lesdag op om te vertellen dat hij verbazingwekkend veel had geleerd over communicatie, arbeidsethiek en respect voor vrouwen. Hij had niet gedacht zoveel te zullen leren van de lerares, die de moed had gehad ten overstaan van alle werknemers haar excuses aan te bieden. Hij bedankte de coach omdat hij had geleerd hoe belangrijk het is goed naar elkaar te luisteren. Het mag duidelijk zijn dat het gebruik van complimenten niet alleen beperkt hoeft te blijven tot coachingsituaties.

Cliënten en conflicten

Waar twee of meer mensen samenwerken of samenleven is het onvermijdelijk dat zich conflicten of meningsverschillen voordoen. In een coachingstraject werk je meestal met één persoon die een conflict heeft met een derde, die niet bij de gesprekken aanwezig is. Soms komen echter beide partijen bij jou hulp zoeken. Uit efficiëntieoverwegingen kun je beiden tegelijk uitnodigen, zodat je de problemen snel kunt oplossen. Het is belangrijk dat je weet wat je in beide situaties moet doen. In deze paragraaf gaan we eerst in op de situatie waarin jij met één persoon werkt die een conflict heeft met een derde, die niet aanwezig is. Vervolgens zullen we kijken wat je doet als je beide partijen in een sessie hebt.

> **TIP UIT DE PRAKTIJK**
>
> Met schaalvragen kun je mogelijk sneller oplossingen vinden. Vraag beide partijen om op een schaal van 1 tot en met 10 aan te geven waar zich hun conflict bevindt. Daarbij betekent 1 dat het conflict nog nooit zo heftig is geweest en verwijst 10 naar het ultieme doel:
> - Wat doe je anders bij 10?
> - Waar bevind je je nu?
> - Hoe ver wil je tijdens deze sessie komen?
>
> Als je één punt hoger scoorde, wat zou je dan doen dat je nu nog niet doet? Het is verstandig om aan de hand van de schaal over vooruitgang te praten. Langdurige discussies over oorzaken en details van het conflict maken de zaak vaak alleen nog maar erger.

Werken met één persoon die een conflict heeft

Het eerste gesprek begint zoals gewoonlijk met de doelen of de positieve uitkomst waar de cliënt naar streeft. Het kan goed zijn voor ogen te houden dat het conflict niet op slechts één manier opgelost kan worden. Het hangt af van de omstandigheden en de context van het conflict, en van de realistische uitkomst waarvan cliënten geloven dat deze hun leven enigszins zal verbeteren. Stel vragen als de volgende: 'Stel dat je het eens wordt over de beste strategie. Wat zou je dan doen, dat je nu niet doet?' 'Je kent je partner: wat zou hij zeggen als je hem vroeg wat hier moet gebeuren om ervoor te zorgen dat jullie er beiden iets aan hebt?'

Neutraal blijven

Een van de moeilijkste aspecten van het werken met personen die een conflict met elkaar hebben is de natuurlijke neiging partij te kiezen, die voortkomt uit gevoelens van de coach of de behoefte van de cliënten aan steun en waardering. Steun bieden aan beide personen is niet hetzelfde als het steunen en aanmoedigen van standpunten die de samenwerking hebben belemmerd. Natuurlijk wil iedereen het gevoel krijgen op de goede weg te zijn. Het is niet gemakkelijk beide standpunten te accepteren zonder dat je ideeën steunt die niet werken. Veel coaches denken ten onrechte dat we beide standpunten niet tegelijkertijd kunnen steunen. Cliënten stellen eerlijke feedback van een coach echter op prijs en merken het wanneer je een van de partijen bevoordeelt. Wat moet je doen? Je zou kunnen zeggen: 'Ja, ik begrijp hoe u tot deze conclusie bent gekomen, meneer De Bruin, maar ik snap ook wel waarom u het anders ziet, mevrouw De Wit.' Of probeer het volgende: 'Ik snap dat jullie het niet eens zijn over de te volgen weg. Ik vraag me af of jullie ideeën niet gecombineerd kunnen worden tot een tussenweg.' Voor het onderhandelingsproces is het cruciaal neutraal en onpartijdig te blijven. Dan hebben cliënten het meest aan hun coach.

Bruikbare hulpmiddelen

In dit stadium kun je het beste de ideeën van de afwezige partij inbrengen door relatievragen te gebruiken, zoals de volgende:

- Wat zou je baas zeggen dat er tijdens deze sessie moet gebeuren, zodat hij het gevoel krijgt waar voor zijn geld te krijgen?
- Wat denk je dat je collega's zouden antwoorden op de vraag wat jij aan het team bijdraagt?
- Stel dat je personeel vindt dat je hen eerlijker moet behandelen en geen van hen voortrekken. Wat zouden ze je anders zien doen? Wat zou erop wijzen dat je naar hen luistert?
- Stel dat je collega's meer met je overleggen over hun plannen met betrekking tot dit project. Wat zouden ze je dan zien doen dat je nu niet doet? En wat nog meer?
- Stel dat je manager het belang inziet van jouw bijdrage aan dit project. Wat zou hij dan doen dat hij nu niet doet? En wat nog meer?
- Stel dat de teamgeest ook toeneemt op de schaal van 1 tot en met 10. Wat zouden de teamleden zeggen dat je zou doen om hun te laten weten dat ze goed werk verrichten?
- Wat zou dat voor de teamgeest betekenen? En wat nog meer?

Perceptie is realiteit

Ook al is de andere partij niet aanwezig, wat de cliënt over de ander denkt is voor hem reëel. Het is niet jouw taak om te beoordelen of het beeld dat je cliënt van de ander heeft klopt of niet. We hoeven immers niet vast te stellen wie er gelijk heeft, maar moeten het beeld van de cliënt zodanig veranderen dat andere reacties mogelijk worden. Toch is wat de cliënt gelooft voor hem reëel en hij zal zich daar ook naar gedragen. Als je de visie van de cliënt accepteert, wordt het ook gemakkelijker de ideeën van de ander ter sprake te brengen, zodat een evenwichtiger beeld ontstaat.

In tegenstelling tot wat de meeste coaches vrezen, blijken cliënten verbazingwekkend accuraat in hun ideeën over wat de ander zou kunnen zeggen en doen. Ze hebben natuurlijk ook dagelijks met elkaar te maken en hebben waarschijnlijk al verschillende discussies en woordenwisselingen met elkaar gehad. Dat we uitgaan van de ideeën van de cliënt betekent niet dat we partij kiezen. We stellen daarentegen de cliënt in staat als eerste oplossingen aan te dragen en niet langer te blijven vastzitten in het probleem. Kijk bijvoorbeeld maar eens naar het volgende korte gesprek met een jonge kok die dacht dat haar een promotie was onthouden, ook al had ze geweldige complimenten gekregen toen ze de dinerzaal van het dagelijks bestuur een jaar lang had bestierd. Ze vond het vreselijk dat haar baas haar kooktalenten niet erkende en niet had gezien hoe artistiek en creatief ze te werk was gegaan.

Coach: Stel dat ik je baas zou vragen wat hij het meest waardeert aan jouw werk als kok voor het dagelijks bestuur. Heb je enig idee wat hij zou zeggen?
Cliënt: Ik denk dat hij zou zeggen dat ik een mooi evenwicht weet te bereiken tussen gezond koken en artistieke expressie. Ik vind het heerlijk als ik bij mijn werk wat ruimte krijg voor creativiteit. Het bestuur weet dat en stelt een goede maaltijd ook erg op prijs. De bestuursvoorzitter kwam een keer naar me toe en prees me voor mijn kookkunsten. Dat heeft mijn baas toen ook gehoord.
Coach: Je bent vast heel creatief bij het koken. Wat zou je baas zeggen als hem gevraagd werd waar je beter in zou moeten worden?
Cliënt: Hij zegt misschien dat ik aardiger moet zijn tegen de andere koks, bijvoorbeeld de banketbakker. Ik heb een hekel aan die man, het is zo'n uitslover. Ik weet dat ik socialer moet zijn. Iedereen in de keuken kijkt altijd in welke stemming ik ben en of ik die dag weer zal uitbarsten of niet.
Coach: Wat wil je baas dat dit coachingstraject bij jou verandert?
Cliënt: Hij vindt vast dat ik niet zo humeurig meer moet zijn. Dat is altijd een probleem voor mij. Ik weet dat ik me moet beheersen, anders bots ik voortdurend met anderen.

Coach: Als je je beter leert beheersen, wie zou dan de eerste zijn die daar iets van merkt?
Cliënt: Het keukenpersoneel zou niet meer eerst even kijken in welke stemming ik ben als ik op mijn werk verschijn.
Coach: Wat zouden ze dan aan jou zien?
Cliënt: Ze zouden me vaker zien lachen. En ze zouden zien dat ik beter omga met mijn frustraties, zodat ik het werk in de keuken niet verstoor.
Coach: Stel dat je evenwichtiger bent en je je beter kunt beheersen. Wat zou je baas je zien doen dat je nu niet doet?
Cliënt: Hij zou zien dat ik vaker lach, met andere koks praat, vriendelijk tegen hen ben. En dat ze niet meer bang voor me zijn.

Wie is gemotiveerd om te veranderen?

In de meeste coachingsituaties zal een coach vaker werken met iemand die gemotiveerd is de relatie te veranderen. Deze persoon is degene die het meest te verliezen heeft als het conflict niet opgelost wordt of er het meest last van heeft, en daarom bereid is te veranderen opdat de rust op het werk weerkeert. Werken met een gemotiveerde cliënt kan het coachingsproces flink versnellen. Je kunt gebruikmaken van de verschillende hulpmiddelen en technieken die in hoofdstuk 2 zijn beschreven.

VRAAG UIT DE PRAKTIJK

'Doe je een follow-up in het geval van een conflictsituatie?'
We vinden het zinvol een follow-upsessie af te spreken. Tijdens die sessie kun je de cliënten steunen bij wat ze doen en kun je een mogelijke terugval normaliseren. Vraag beide partijen:
- Kun je op een schaal van 1 tot en met 10 aangeven hoe je de afgelopen week hebt gescoord?
- Wat is er gebeurd naar aanleiding waarvan je kunt zeggen dat je al een x scoort en niet lager?
- Hoe kun je ervoor zorgen dat je vorderingen blijft maken?

Werken met twee partijen die een conflict hebben

Een succesvolle eigenaar van een middelgrote drukkerij, meneer Mundt, schakelde een coach in omdat hij problemen had doordat twee van zijn belangrijkste medewerkers elkaar voortdurend probeerden af te troeven. Het waren harde werkers, intelligent en gemotiveerd, en hij wilde beiden voor de zaak behouden. Elk van hen kwam bij hem klagen over de ander. De een was een ambitieuze en aantrekkelijke jonge vrouw, met mooie carrièrevooruitzichten. Hij wilde graag haar mentor zijn en haar begeleiden naar de top binnen zijn bedrijf, om de buitenwereld te laten zien dat hij van deze tijd was. De andere medewerker was een jongeman die bereid was tot laat door te werken en die allerlei creatieve en innovatieve ideeën had het bedrijf nog beter te laten presteren. Beiden klaagden over fouten die de ander gemaakt zou hebben en soms beschuldigden ze elkaar ervan dat ze de ander zwartmaakten. Aanvankelijk dacht meneer Mundt dat het een kwestie was van onschuldige en gezonde wedijver, maar de laatste tijd merkte hij dat hij er steeds meer tijd en energie aan moest besteden.

De volgende stap hangt sterk af van de uitkomst van het gesprek over het gewenste doel: wil hij leren om deze moeilijke situatie zelf op te lossen? Wil hij dat de coach als mediator gaat optreden? Wat is in beide gevallen het doel dat hij wil bereiken? Wat moet er bij de werknemers gebeuren, wil hij het idee hebben dat coaching zinvol is geweest? Wil hij daarnaast leren hoe hij dit probleem in de toekomst kan voorkomen? Meneer Mundt was van mening dat hij onvoldoende tijd had te leren hoe hij met deze twee werknemers moest omgaan en daarom vroeg hij de coach beide te begeleiden. Als de spanning tussen hen verdwenen zou zijn, wilde hij met de coach overleggen over hoe hij dit soort problemen zou kunnen voorkomen.

Als je geconfronteerd wordt met twee mensen die een conflict hebben, dan kun je het gevoel krijgen dat je niet weet waar je moet beginnen en vraag je je waarschijnlijk af of je hen wel kunt helpen. De reden voor deze ongemakkelijke gevoelens en gedachten is dat we vaak denken dat we als een soort rechter moeten optreden. We hebben het gevoel dat we een uitspraak moeten doen over wie er gelijk heeft en wie niet. Twee mensen die een conflict hebben, roepen vaak ongemakkelijke gevoelens op. Vaak krijgt men de neiging hard weg te rennen of zich ervan af te maken met een snelle oplossing. Mensen met een conflict hebben echter meer dan anderen hulp nodig, want conflicten kunnen bijzonder destructief zijn en kunnen zich uitbreiden naar de rest van de organisatie.

Gemeenschappelijke doelen

De meeste meningsverschillen gaan over hoe iets gerealiseerd moet worden en vaak verliezen de partijen daarbij uit het oog wat ze willen bereiken. Met andere woorden, conflicten gaan vaak over de manier waarop men van punt A naar punt B komt.

Daarom moet eerst vastgesteld worden wat beide partijen voor uitkomst wensen. Meneer Mundt besloot iemand in te schakelen om zijn medewerkers te helpen, zodat ze weer productiever werden. Nu was het aan de coach om uit te zoeken wat beide werknemers verwachtten van de coaching die hun door hun baas was opgelegd. Omdat hij dat laatste begreep gaf de coach eerst complimenten: hun baas moest hen wel bijzonder waarderen dat hij geld, tijd en energie stak in het zoeken van een coach en werktijd ter beschikking stelde om hun de gelegenheid te geven te leren samenwerken. Tijdens het gesprek probeerden beiden elkaar de schuld te geven en vertelden ze in detail welke bezwaren ze tegen de ander hadden. De coach vond dat hij het gesprek een andere richting moest geven en probeerde hun duidelijk te maken dat hij graag meer wilde weten over hun kwaliteiten die maakten dat hun baas bereid was geld en tijd in hun begeleiding te steken. De coach wilde eveneens weten wat de baas van de coaching verwachtte. Met veel moeite werden Jocelyn en Brian het erover eens dat ze graag beter met elkaar wilden kunnen opschieten, zodat ze een echt team zouden vormen. Ze wilden allebei dat de ander daaraan zou meewerken.

VRAAG UIT DE PRAKTIJK

'De persoon of de organisatie die een coach heeft ingeschakeld, wil vaak op de hoogte gehouden worden van de vorderingen. Hoe doe je dat zonder het vertrouwen van de cliënten te schenden?'
We hebben gemerkt dat het voldoende is de voortgang met een cijfer aan te geven. Natuurlijk vragen we de cliënt bij elke sessie toestemming om deze informatie door te spelen. Soms moedigen we cliënten aan zelf te vertellen hoe het ervoor staat. Ook organiseren we sessies met drie deelnemers, waarbij we de initiatiefnemer vragen of deze al veranderingen heeft opgemerkt. Dit kan een heel positieve ervaring zijn voor de cliënt.

Details van oplossingen

Het coachingsgesprek ging erover wat beiden zouden doen als ze beter met elkaar zouden kunnen opschieten, en hoe meneer Mundt zou kunnen zien dat dat het geval was. Omdat meneer Mundt deel uitmaakt van hun conflict, is het belangrijk dat de doelen die hij heeft geformuleerd tijdens het gesprek geregeld aan de orde komen. De concrete aanwijzingen voor een oplossing waren onder andere dat Brian en Jocelyn niet langer hun beklag zouden doen bij de baas, zelfs als ze daartoe de aandrang voelden. Ze zouden zich eerst terugtrekken om over de kwestie na te denken. Ze zouden elkaar complimenteren als de ander goed werk had verricht. Er werd ook gesproken over wat de andere collega's zouden merken van de veranderde situatie. De coach was het met meneer Mundt eens dat een verbetering in de werkrelatie van de twee werknemers een positieve verandering in de werksfeer onder de andere collega's zou bewerkstelligen. Luister naar alles wat de coach van Jocelyn en Brian te horen kreeg. Merk op hoe de coach aan bepaalde aspecten aandacht schonk, maar andere negeerde.

Coach: Voordat we beginnen, zou ik graag willen weten hoe jullie baas jullie bijdragen aan het bedrijf inschat. Hij is immers bereid er alles aan te doen om ervoor te zorgen dat het beter gaat tussen jullie. Het is duidelijk dat hij hoge verwachtingen koestert.

Jocelyn: Dat denk ik ook. Ik heb er zo nog nooit over nagedacht. Maar dat denk ik wel.

Brian: Dat ben ik met Jocelyn eens. Ik werk net iets langer bij het bedrijf dan Jocelyn en ik denk dat hij wel ziet dat ik lange dagen maak en me voor meer dan 100 procent inzet voor het bedrijf.

Jocelyn: Ik werk weliswaar iets korter voor het bedrijf, maar ik denk dat meneer Mundt vindt dat ik energiek ben, hard werk en snel leer.

Coach: Jullie leveren vast een grote bijdrage. Ik zou graag willen weten wat jullie van dit gesprek verwachten.

Jocelyn: Meneer Mundt vertelde me dat hij mijn bijdragen op prijs stelt en hij wil graag dat ik blijf, maar hij stond erop dat Brian en ik zouden gaan samenwerken.

Brian: Tegen mij heeft hij hetzelfde gezegd. Samen een team vormen is een goed idee, maar …

Coach: Stel nu eens dat jullie inderdaad een team gaan vormen. Wat zou meneer Mundt aan jullie zien wat hij nu niet ziet?

Moeilijke situaties

Net als bij individuele cliënten is het belangrijk eerst de sterke kanten te bespreken en duidelijk te maken dat je ziet hoeveel de baas bereid is in hen te investeren. Het is essentieel je niet af te laten leiden door Jocelyns pogingen Brian voor te zijn of door hun wedijver. Voorop staat dat je in zo'n situatie het gemeenschappelijke doel goed in de gaten houdt. Tegelijkertijd moeten de criteria voor een succesvolle uitkomst aan de orde komen, aangezien beiden door hun baas zijn gestuurd. In een situatie als deze moet je rekening houden met drie cliënten. Dat wil zeggen, meneer Mundt heeft aangegeven wat hij als oplossing zag, maar omdat Jocelyn en Brian die oplossing in de praktijk moeten brengen, dient de coach te bekijken hoe zij kunnen samenwerken. Zo kunnen alledrie betrokken zijn bij een succesvol resultaat. Zie hoe de doelen van meneer Mundt in het volgende fragment aan de orde komen.

VRAAG UIT DE PRAKTIJK

'Hoe kun je voorkomen dat je doet wat de manager eigenlijk zou moeten doen?'
Dit probleem denken we te kunnen oplossen door tijdens de eerste bijeenkomst alle partijen uit te nodigen om te bespreken wat zij van het coachingstraject verwachten. Dan is iedereen daarvan op de hoogte en kan de coach voorkomen dat hij spreekbuis wordt van een van de partijen.

Jocelyn: Ik denk dat de belangrijkste aanwijzing is dat we niet zo vaak meer naar hem toe gaan, of helemaal niet, en dat we toch ons werk gedaan krijgen.
Brian: Dat denk ik ook. Ik realiseer me dat we net twee ruziënde kinderen lijken die naar papa gaan voor hulp. Ik denk dat hij zo het beste kan zien dat we als een team samenwerken. We moeten niet bij elke onenigheid naar hem rennen.
Coach: Oké, dat lijkt me verstandig. En wat ziet meneer Mundt jullie dan doen?
Jocelyn: Ik denk dat hij ziet dat we vaker samen projecten doen, zonder dat we hem erbij halen.
Coach: Dus jullie leren op de een of andere manier zonder zijn tussenkomst aan een project samen te werken? Hoe zou hij merken dat jullie nu een team vormen?

Brian: Ik denk doordat we hem vertellen welke beslissingen we genomen hebben en hem toestemming vragen met betrekking tot te nemen stappen en uitgaven.

Coach: Dat lijkt me een heel goed idee. Zouden jullie ook een team kunnen worden zonder de hulp van meneer Mundt?

Jocelyn: Ik denk dat ik dan een vergadering zou beleggen, aangezien ik de custom service manager ben.

Coach: Stel dat je een vergadering belegt met Brian. Wat zou je doen om hem te laten merken dat je deze keer werkelijk met hem wilt samenwerken?

Jocelyn: Dat weet ik niet … Daar heb ik niet over nagedacht … Maar ik denk dat ik hem vriendelijk zou vragen om te overleggen en hem dat niet opdringen … Misschien loop ik wel naar zijn kamer … Zoiets.

Brian: Dat zou ik in elk geval enorm waarderen.

Coach: Dus als je vriendelijk om overleg verzoekt in plaats van te eisen, rustig met hem praat, naar zijn kamer gaat, et cetera, wat zou jij Brian dan zien doen om jou te laten merken dat hij bereid is met je samen te werken?

Jocelyn: Ik denk dat hij tegen me zou lachen en niet meer zo kortaf zou doen. Hij zou me meteen antwoorden en me niet laten wachten omdat hij het zo druk heeft.

Coach: Kunnen jullie me vertellen wanneer jullie voor het laatst een gesprek hadden waaruit bleek dat jullie een team zijn? Enig idee?

Brian: Geen idee … Dat moet lang geleden zijn … Misschien een maand geleden of zo. Het was een haastklus. De klant had haast en het was een grote order. Die mochten we natuurlijk niet kwijtraken. We vergaten al onze conflicten, doken erin en wisten de deadline te halen. Ik denk dat hij nog steeds klant bij ons is omdat we hem uit een moeilijke situatie geholpen hebben. Ik denk dat iemand hem had laten zitten of zoiets.

Jocelyn: Ja, dat herinner ik me. Ik geloof dat hij cateraar is, als ik het me goed herinner.

Coach: Ik vraag me af hoe dat gegaan is. Heel interessant. Volgens mij wijst het erop dat jullie goed kunnen samenwerken. Ik begrijp nu wel waarom meneer Mundt jullie beiden zo graag voor de zaak wil behouden.

Jocelyn geeft tijdens dit gesprek aan hoe meneer Mundt zou kunnen zien dat ze goed samenwerken. We zien dat zij en Brian daardoor gedwongen worden om door de ogen van hun baas te kijken. Als Jocelyn dus met een goed idee komt, is Brian verplicht in te stemmen of om een nog betere oplossing aan te dragen. Omdat beiden zeer ambitieus en gemotiveerd zijn, is het niet meer dan natuurlijk dat ze competitief ingesteld zijn. Dat zal het bedrijf alleen maar ten goede komen. Competitie kan echter ook destructief worden. Daarom kan de coach hen helpen hun competitieve aard op een positieve manier in te zetten – ze kunnen met elkaar wedijveren om te bepalen wie het betere teamlid wordt. Zodra dit doel is vastgesteld, kunnen ze de details van het teamwerk invullen. Hoe beter hun samenwerking, des te meer ze elkaars inbreng zullen waarderen. Daardoor zullen ze in staat zijn hun teamwerk op een hoger plan te brengen, met of zonder hulp van hun coach.

Een coach kan naar uitzonderingen vragen zodra de deelnemers aan de sessie het eens zijn over de gewenste uitkomst of als ze een concreet antwoord hebben op de wondervraag. Als het doel eenmaal duidelijk is en de drie partijen de kleine veranderingen zullen herkennen, is het tijd om te achterhalen wanneer ze zich in het verleden als teamleden hebben gedragen en hoe meneer Mundt zou kunnen zien dat ze een team vormen, zonder dat hem dat verteld is. Zodra het gemeenschappelijke doel op een realistische en concrete wijze beschreven is, kan de rest van de coaching heel plezierig verlopen. Het kan een geweldige ervaring zijn voor een coach als blijkt dat verschillende personen hetzelfde voor ogen hebben, zeker als ze samen een geschiedenis hebben en besloten hebben om de productiviteit van het bedrijf te vergroten.

Het contact beëindigen

Alle latere sessies verlopen op dezelfde wijze – bekijken wat er beter gaat, ook al is het slechts van korte duur, en de cliënten aanmoedigen door te gaan met wat werkt. Afhankelijk van het contract dat meneer Mundt heeft afgesloten, kan een coach een schaalvraag gebruiken om te achterhalen hoe tevreden meneer Mundt is met de vorderingen van zijn werknemers.

Onvrijwillige cliënten

Sommige coaches zijn van mening dat cliënten die onvrijwillig komen of verplicht worden te komen omdat ze anders hun baan verliezen, een probleem vormen. Daar zijn we het niet mee eens. De coach dient op de hoogte te zijn van enkele strategieën die hij kan toepassen. Als eenmaal duidelijk is wat de cliënt wil, zal het feitelijke werk niet veel problemen meer opleveren. Onvrijwillige cliënten kunnen zelfs heel succesvol blijken te zijn en het zal jouw reputatie zeker goed doen als jij succes boekt met moeilijke cliënten. Hieronder volgen enkele richtlijnen.

> **TIP UIT DE PRAKTIJK**
>
> Als je onvrijwillige cliënten wilt motiveren, kun je hun vragen naar de positieve gevolgen van het realiseren van hun doelen. Geef hun tijd om na te denken over wat een doel aantrekkelijk en belangrijk maakt.

Vertrouwelijkheid

De meeste coaching betreft cliënten die daar zelf om hebben verzocht en daarom gaan veel aspecten van de begeleiding de cliënt direct aan, inclusief de kwestie van de vertrouwelijkheid van de informatie die de cliënt verschaft. Als een werknemer echter wordt doorverwezen, betekent dat meestal dat de werkgever de betaling voor zijn rekening neemt. Het is daarom zaak duidelijk af te spreken welke informatie de werkgever van de coach krijgt. Als je afspreekt dat jouw factuur naar de werkgever gaat, dan moet je ervoor zorgen dat je alleen informatie verschaft over het aantal sessies. Zodra die afspraken gemaakt zijn, moet je de cliënt daarvan op de hoogte stellen.

Zelfonderzoek

Als je merkt dat je bevooroordeeld bent ten aanzien van onvrijwillige cliënten, moet je je ideeën onder de loep nemen en vermijden dat ze jouw werk met de cliënt gaan belemmeren. Dit soort cliënten wordt meestal doorverwezen door gefrustreerde managers die problemen met hen hebben en daarom krijg je vaak allerlei negatieve dingen over hen te horen. Zorg ervoor dat je je laat leiden door je nieuwsgierigheid en niet door je vooroordelen.

Maak eerst kennis met de persoon en niet het probleem

Richt je niet meteen op het probleem, maar leer eerst de persoon beter kennen. Veel coaches maken de fout door meteen naar het probleem te kijken en dan pas naar de persoon die het aangaat. Deze fout zal je werk met je cliënt moeilijker maken. Probeer te achterhalen waarin de cliënt geïnteresseerd is, waar zijn kracht ligt, op welke prestaties hij trots is, et cetera.

Zoek uit wat de cliënt belangrijk vindt

Aangezien de cliënt de door de werkgever gewenste veranderingen moet doorvoeren, en we niemand kunnen dwingen te veranderen, moeten we uitzoeken wat de cliënt belangrijk vindt en waartoe hij bereid is. Tot zover wijkt de werkwijze niet af van die bij vrijwillige cliënten. In sommige gevallen hebben werkgever en werknemer verschillende verwachtingen van coaching. Nogmaals: het is daarom belangrijk te achterhalen wat de cliënt belangrijk vindt – hij moet immers de veranderingen doorvoeren. De volgende vragen kunnen daarbij van pas komen:

Coach: Wat verwacht je baas dat hier met jou gebeurt, zodat ze kan concluderen dat coaching zinvol is geweest?
Werkneemster: Ik denk dat ze wil dat ik elke dag op tijd op mijn werk verschijn. Dat is echter lastig omdat ik afhankelijk ben van de oppas en niet kan vertrekken voor zij er is. Ik kan mijn kleine kinderen niet alleen laten.
Coach: Stel dat het je lukt om elke dag op tijd te zijn. Wat zou dat veranderen tussen jou en je manager?
Werkneemster: Ik denk dat ze dan wat rustiger zou worden en zich niet meer druk over mij zou maken.
Coach: Stel dat je manager rustig is en zich niet meer druk over je maakt. Wat zou dat veranderen tussen jou en je manager?
Werkneemster: Ze zou mij met rust laten en niet de hele tijd op me letten. Ze zou me niet de hele tijd lopen controleren.
Coach: Als ze jou met rust laat en niet de hele tijd controleert. Wat voor verschil zou dat voor je maken?
Werkneemster: Ik zou rustiger zijn en mijn werk beter kunnen doen omdat ik niet zo gestrest zou zijn. Ik denk dat het feit dat ze zo op me let meer spanning veroorzaakt dan het werk zelf. Ik vind het leuk werk, maar heb het gevoel dat ik onder een microscoop lig en voortdurend moet opletten wat ik doe. Het zou fijn zijn als ik die druk niet voelde.

Omdat haar stress ontstaat door de relatie met de manager, zal de manager haar met rust moeten laten, waardoor ze waarschijnlijk productiever wordt. Daarvan zullen beiden profiteren.

Zoek uit wie de cliënt belangrijk vindt
Het levert vaak veel op als je uitzoekt op wie de cliënt steunt, wie bepaalde dingen voor de cliënt wil doen of invloed heeft op de cliënt.

Zoek uit wat de cliënt kan doen
De eerste regel bij het zoeken naar oplossingen is dat je moet versterken wat cliënten al goed doen. Kijk daarom naar hun talenten en vaardigheden. We willen deze vaardigheden gebruiken om op voort te bouwen, maar we richten ons niet op het elimineren van ongewenste vaardigheden. Volgens ons is er geen betere manier om snelle veranderingen te bewerkstelligen. We geloven dat deze werkwijze ook van het meeste respect getuigt, zeker bij iemand die gedwongen wordt met ons te praten. Het zal zijn tegenzin om met ons te werken waarschijnlijk verminderen.

> **VRAAG UIT DE PRAKTIJK**
>
> 'Sommigen van mijn onvrijwillige cliënten zeggen dat ze hun doelen al bereikt hebben en alles gedaan hebben wat van hen gevraagd werd. Moet ik hen confronteren met het feit dat degene die hen gestuurd heeft daar heel anders over denkt?'
> We hebben ondervonden dat onvrijwillige cliënten met de hakken in het zand gaan staan als we hen direct confronteren. Zorg ervoor dat ze zich bewust worden van hun eigen veranderingsproces. Als cliënten zeggen dat ze het begrepen hebben, vragen we: 'Hoe weet je dat?', of: 'Hoe weet je werkgever dat je het begrepen hebt?' Vervolgens stellen we meer gedetailleerde vragen.

Zoek uit wat je cliënt bereid is te doen. Als er iets is wat hij belangrijk vindt, dan zal hij meer geneigd zijn veranderingen door te voeren. Het heeft niet zoveel zin te proberen een rivier bergopwaarts te laten lopen. We kunnen beter uitzoeken waarheen de rivier waarschijnlijk vanzelf zal stromen. We vertellen de rivier dat we haar functie en schoonheid respecteren en dat we de loop niet al te drastisch willen veranderen.

Zoek uit welke resultaat de cliënt wenst

Natuurlijk willen we een langetermijnoplossing vinden en niet een tijdelijke oplossing waarbij de oorspronkelijke situatie al snel na de coaching hersteld zal zijn. Deze fase vertoont grote overeenkomsten met het werken met vrijwillige cliënten. We zullen dit concreet maken aan de hand van het voorbeeld van meneer Henry.

'Tegenwoordig zijn ze heel anders'

Meneer Henry was een vijftiger met grijzend haar. Hij zat onderuitgezakt in de wachtkamer en het was onmiddellijk duidelijk dat hij daar niet wilde zijn. Hij had moeite om beleefd te blijven, maar deed zijn best om te antwoorden. Hij vertelde dat hij 'eigenlijk al veel te lang' natuurkundeleraar en atletiekcoach was en dat hij geen idee had waarom hij naar een coach moest.

Omdat hij er zelf niet over wilde praten, begon de coach het gesprek door hem te vertellen dat ze onder de indruk was omdat zijn baas hem zo hoog achtte dat ze haar persoonlijk had gebeld om haar te vragen eens met hem te praten. Hij bromde instemmend, waarmee duidelijk was dat hij geen hoge pet op had van de directrice. De coach probeerde hem meer te laten vertellen over zijn leraarschap. Hij gaf slechts korte antwoorden op haar vragen.

Coach: Ik heb begrepen dat u een goede natuurkundeleraar bent en dat u een prijs hebt gewonnen als de beste natuurkundeleraar van de stad.
Meneer Henry: Dat klopt, maar dat is alweer lang geleden. Kinderen gedragen zich tegenwoordig heel anders.
Coach: Ik heb ook begrepen dat u atletiekcoach bent.
Meneer Henry: Ja, al heel lang.
Coach: Ik weet dat u hier niet voor uw lol bent. Wat denkt u dat de directrice van ons gesprek verwacht?
Meneer Henry: Ik heb niks tegen u, maar ik denk dat het helemaal niet nodig is dat ik hier kom.

Coach: Misschien niet. Maar ik zou graag willen weten waarom uw baas zoveel moeite doet u weer op uw oude niveau te krijgen. Hebt u enig idee?
Meneer Henry: Ik denk dat ze vindt dat ik aardiger moet zijn tegen de kinderen en hun ouders. Dat ze niet langer wil dat ouders en leerlingen over mij komen klagen. Maar die kinderen hebben geen respect meer voor leraren en hun ouders hebben het te druk met geld verdienen. Die kinderen worden tegenwoordig maar aan hun lot overgelaten. Ze zijn niet meer zoals ze vroeger waren.
Coach: Ik kan niet beoordelen of dat zo is. Maar stel nu eens dat ze op de een of andere manier leren meer respect voor u op te brengen en dat hun ouders beter voor hen gaan zorgen. Wat zou uw directrice antwoorden op de vraag wat er dan bij u zou veranderen?

Ook al was meneer Henry aanvankelijk weinig coöperatief, het feit dat hij op de afspraak was gekomen en de vragen, weliswaar met tegenzin, beantwoordde, gaf goede hoop voor het vervolg. Het was daarom belangrijk dat de coach liet blijken dat ze respect had voor zijn prestaties en deze ook op hun waarde wist te schatten. De opdracht van de directrice om naar de coach te gaan, werd omschreven als een investering in meneer Henry, ook al vond hij het zelf maar niks dat hij verplicht werd een afspraak te maken.
Meneer Henry deed zeer stellige uitspraken over kinderen en hun ouders, maar de coach ging daar nog niet te veel op in omdat het in dit stadium niet goed zou zijn hem daarmee te confronteren of om hem tegen te spreken. Je ziet dat voorzichtig taalgebruik goed werkte bij meneer Henry. Omdat de directrice meneer Henry had doorverwezen, moest de coach rekening houden met haar wensen. De coach moest eerst het ijs breken om vervolgens overeenstemming te bereiken over het doel van de coaching. Ze diende uit te zoeken tot welke inspanningen de cliënt bereid was de noodzakelijke veranderingen te realiseren en moest hem laten zien wat de voordelen daarvan waren.

Meneer Henry: Ik denk dat ze zou zeggen dat ik weer de passie zou vertonen die ik vroeger had.
Coach: Hoe lang is dat geleden? Dat u nog een gepassioneerd leraar was?
Meneer Henry: Dat weet ik niet precies. Ik denk dat het langzaam is opgedroogd en verdwenen is … misschien drie of vier jaar … ik weet het niet precies.

Coach: Stel dat ik een paar leerlingen uit die tijd zou vragen hoe u toen als leraar was. Wat zouden ze het meest aan u gewaardeerd hebben?

Meneer Henry: Ik denk dat ze zouden zeggen dat ik me voor hen interesseerde, dat ik mijn uiterste best voor hen deed en me volledig inzette voor hun studie en hun toekomst. En dat ik geïnteresseerd was in hun familie en dat soort dingen. Mijn vrouw zegt dat ook, dat ik meer interesse zou moeten opbrengen voor mijn leerlingen.

Coach: Wat zouden oud-leerlingen antwoorden op de vraag wat u anders maakte dan andere leraren, en waarom u verkozen werd tot de natuurkundeleraar van het jaar?

Meneer Henry: Ik denk dat ze zouden zeggen dat ik geduldig was, me voor hen interesseerde. En dat ik echt voor hen openstond, denk ik. Ik heb niet veel geduld meer voor al die stomme dingen waarmee ze zich vandaag de dag bezighouden.

Coach: Wat deden de leerlingen toentertijd om te laten zien dat ze uw geduld en interesse waardeerden? Waaruit bleek dat?

Meneer Henry: Ze spraken me aan in de pauze en maakten grapjes met me. Ze kwamen naar mijn kamer om persoonlijke problemen met me te bespreken. Zelfs nadat ze hun diploma hadden gehaald vielen ze af en toe bij me binnen om te vertellen hoe het hun op de universiteit verging. Dat soort dingen. En natuurlijk was ik een soort vaderfiguur voor sommige leerlingen omdat hun ouders gescheiden waren en hun vader ergens anders woonde.

Coach: Zou u zeggen dat u toen nog echt een gepassioneerd leraar was?

Meneer Henry: Ja, ik denk het wel. Ik was werkelijk in hen geïnteresseerd. Nadat ik vier of vijf jaar geleden een lichte hartaanval had gekregen, denk ik dat ik me meer en meer in mezelf heb teruggetrokken. Het lesgeven viel me steeds moeilijker. De passie was verdwenen.

Coach: Hoe zou die passie weer terug kunnen komen?

Meneer Henry: Ik zou het niet weten. Mijn vrouw zegt dat ik van de ene op de andere dag oud geworden ben.

Coach: Stel dat de passie terugkomt. Wat zou u dan doen dat u nu niet doet?

Meneer Henry: Mijn vrouw zegt dat ik weer moet gaan golfen en meer moet bewegen. Ik hield ook erg van Keltische muziek. Ik heb Iers bloed moet je weten.

> **TIP UIT DE PRAKTIJK**
>
> Aanvankelijk zullen onvrijwillige cliënten zich nooit uitspreken voor veranderingen. Als de coach argumenten voor verandering inbrengt, zal de cliënt er dus tegen zijn. Hoe kun je vaststellen dat er daarover een verschil van mening is ontstaan? Dat is in elk geval zo als je merkt dat je de neiging hebt om 'Ja, maar …' of 'Maar …' te zeggen. Je kunt cliënten laten zien dat veranderingen voordelen met zich meebrengen door hen aan te moedigen alles bij hetzelfde te houden.

Gaandeweg het gesprek gaf meneer Henry steeds meer informatie over zichzelf. Hoe langer ze spraken over zijn passie voor het lesgeven, hoe levendiger hij werd. Zonder dat zijn coachingsdoelen expliciet ter sprake waren gekomen, werd het gesprek opzettelijk in de richting van zijn goede tijd als leraar geleid en werd besproken hoe hij zijn passie weer terug zou kunnen krijgen. Vooral bij onvrijwillige cliënten is het belangrijk in te gaan op oude successen, hulpbronnen en wat de cliënt mogelijk wil, want er zijn er maar weinig die denken dat ze iets aan hun gesprekken met een coach zullen hebben.

Als je eenmaal het gevoel krijgt dat de cliënt interesse toont voor zijn toekomst en er zich een routebeschrijving begint af te tekenen, zal ook de cliënt naar oplossingen gaan zoeken. Daarna zullen de gesprekken op dezelfde wijze verlopen als bij andere cliënten. In de gesprekken met meneer Henry zullen de directrice, zijn vrouw en zijn leerlingen een rol blijven spelen.

Besluiteloze cliënten

Veel cliënten willen graag dat er knopen doorgehakt worden. Sommigen willen dat het liefst meteen, terwijl anderen er niet zo'n haast mee hebben. Bij cliënten die moeite hebben met het nemen van een ogenschijnlijk eenvoudige beslissing is het vaak moeilijk om geen advies te geven. Veel cliënten breken zich al lange tijd het hoofd over de beslissing en hebben advies ingewonnen bij mensen die hen veel beter kennen dan de coach. Ze hebben waarschijnlijk al talloze adviezen gekregen.

Moeilijke situaties

Bedenk dat cliënten naar jou toe zijn gekomen nadat ze alle goedbedoelde adviezen in de wind hebben geslagen omdat ze niet strookten met hun eigen ideeën, niet overtuigend waren of niet het gewenste resultaat zouden opleveren. Sommige cliënten maken uitgebreide lijsten van alle voors en tegens van vacatures. Als aan beide zijden evenveel aspecten genoemd worden, lopen ze vast. Ze weten niet meer hoe ze kunnen bepalen wat de beste keuze is. Zorg ervoor dat je de neiging te vroeg advies te geven blijft onderdrukken. De beste antwoorden bedenken cliënten nu eenmaal zelf. Ze kunnen het best leven met beslissingen die ze zelf genomen hebben.

Een perfecte keuze bestaat niet

Moet ik deze baan kiezen of die? Ik heb twee banen aangeboden gekregen, die beide heel aantrekkelijk zijn. De ene in een grote, de andere in een kleine stad. Ik weet niet waar het beter wonen is. Moet ik bij dit bedrijf blijven of moet ik bij een ander gaan werken? Moet ik van Tom scheiden of voor hem kiezen? Moet ik trouwen of blijven samenwonen? Elke keuze heeft zo zijn voordelen en toch hebben veel cliënten moeite om te kiezen. Het is ogenschijnlijk een gemakkelijke keus en veel mensen zullen ongevraagd gratis adviezen geven. Veel mensen zijn wat dat betreft heel vrijgevig.

Dit soort cliënten is vaak het slachtoffer van een aantal misvattingen die het nemen van een beslissing in de weg staan. Een van de belangrijkste obstakels is dat veel mensen beslissingen als een kwestie van leven of dood beschouwen en het idee hebben dat ze nooit meer terug kunnen komen op een eenmaal genomen beslissing. Ze zijn vaak bang dat de beslissing de rest van hun leven zal bepalen. Een ander probleem is dat cliënten denken dat ze de perfecte keuze moeten maken.

VRAAG UIT DE PRAKTIJK

'Wat te doen met cliënten die alles ontkennen?'
Wij geloven dat de omschrijving 'ontkenning' meer zegt over degene die dat bij een cliënt meent te zien. Het woord wordt gebruikt om cliënten te omschrijven die het niet eens zijn met de coach. Het is in onze ogen geen

> bruikbaar concept. Meestal komt het neer op een confrontatie, waarbij de coach de cliënt erop wijst dat hij het bij het verkeerde eind heeft. Er zijn met andere woorden juiste en onjuiste ideeën. Het is beter als de cliënt zelf tot de conclusie komt dat zijn ideeën niet langer werken en dat hij iets anders moet proberen.

Zo wilde een jonge, ambitieuze en bijzonder intelligente cliënt eens een beslissing nemen over de relatie met zijn vriendin, met wie hij samenwoonde. Hij zei dat hij uit elkaar wilde gaan, omdat hij naar Californië wilde verhuizen. Maar dat wilde hij doen zonder dat ze besefte dat hij haar verlaten had! Hij voorzag dat hij haar reactie niet zou kunnen verdragen als hij het haar persoonlijk zou vertellen: de tranen, de pijn omdat hij haar in de steek liet, haar gesmeek en haar pogingen hem ervan te overtuigen om te blijven. Cliënten willen dat soort beslissingen graag zo pijnloos mogelijk laten verlopen en omdat dat niet kan, raken ze verlamd. Alle beslissingen die we nemen, hebben nu eenmaal consequenties.

Het is moeilijk, zo niet onmogelijk, een perfecte beslissing te nemen. Omdat de toekomst onbekend en onkenbaar is – en dat is maar goed ook, zeggen veel verstandige mensen – is het begrijpelijk dat cliënten vastlopen. Wat we ook geregeld zien is dat cliënten proberen mogelijke onvoorziene problemen of potentiële problemen te vermijden en niet nadenken over hoe de oplossing eruit zou kunnen zien. Wat moet een coach in zo'n geval doen?

- *Gebruik humor.* Humor is een noodzakelijk en nuttig instrument voor coaches. Het komt vooral van pas bij cliënten die erg serieus zijn en alleen maar bezig zijn met het nemen van de juiste beslissing. De coach die de jongeman begeleidde die zijn vriendin wilde verlaten zonder haar te kwetsen, barstte in lachen uit en vroeg hem: 'Echt waar? En hoe denk je dat te doen?' De cliënt zag in dat hij het onmogelijke verwachtte en begon ook te lachen. Vervolgens gaf hij toe dat het misschien toch niet zo'n goed idee was.
- *Wees nieuwsgierig.* Leun naar voren, sper je ogen wijdopen en zeg: 'Echt waar? Dus je bent op zoek naar de perfecte oplossing? Wauw!'
- *Gebruik 'stel'.* Het handige woordje 'stel' komt van pas om erachter te komen wat cliënten verwachten dat er anders zal zijn na een perfecte beslissing. Het

is een soort mini-wondervraag. Laat cliënten een beschrijving geven van beide mogelijke uitkomsten van een perfecte beslissing en laat hen een inschatting maken van de kans op die uitkomsten. Ze zullen meestal moeten lachen om de onzinnigheid van hun ideeën.
- *Kijk naar mogelijke oplossingen, niet naar de risico's.* Veel cliënten kijken alleen naar obstakels. Hun beslissing wordt dus vaak geleid door wat later problemen zou kunnen veroorzaken. Ze spannen zich vaak in om de risico's zo klein mogelijk te maken en niet om alle mogelijkheden te exploreren.
- *Het gebruik van schaalvragen.* Vraag de cliënt oplossingen, kansen of nieuwe mogelijkheden te beschrijven en laat hem niet meteen het aantal opties beperken. Daarbij kunnen schaalvragen heel nuttig zijn.

VRAAG UIT DE PRAKTIJK

'De wondervraag werkt niet goed in situaties waarin cliënten een beslissing moeten nemen. Ze zeggen vaak dat ze na het wonder nog steeds niet weten welke optie ze moeten kiezen.'
Er zijn verschillende mogelijkheden. Je kunt de verschillende opties van het wonder een voor een onder de loep nemen, dus een ding kiezen, het alternatief kiezen, een combinatie van beide of een totaal andere oplossing. Je kunt ook alleen naar de positieve gevolgen van de beslissing kijken, ongeacht de keuze.

Een gesprek over een dilemma

Amy is een levendige jonge vrouw. Toen ik haar ontmoette had ze al een goede baan bij de humanresourcesafdeling van een middelgroot bedrijf in een middelgrote stad. Tijdens een nationaal congres had ze onlangs een directeur ontmoet van een groter bedrijf dat gevestigd was in een grotere en aantrekkelijkere stad, die op zoek was naar een directeur human resources. Het leek niet meer dan logisch dat ze ervoor zou kiezen om te verhuizen, meer te verdienen en promotie te maken. Het leek een droom die werkelijkheid werd.
Maar ze stond voor een dilemma. Ze had een sociaal netwerk opgebouwd dat

bestond uit goede vrienden, familieleden en een vriend, die niet in staat waren naar een andere stad te verhuizen omdat het leven daar duurder was. Amy was al weken wanhopig bezig een oplossing te zoeken. De deadline kwam steeds dichterbij. Het volgende fragment laat zien hoe een coach Amy kan helpen een beslissing te nemen waarmee ze kan leven.

Coach: Nou, je hebt het niet gemakkelijk. Ik ben blij dat ik niet in jouw schoenen sta. Hoe weet je dat je de juiste beslissing hebt genomen?
Amy: Ik wou dat ik dat wist. Daarom ben ik naar jou toe gekomen. Ik maal er maar over door en kan helemaal niks nieuws meer bedenken. Ik kom niet verder dan 'Ik weet het niet.'
Coach: Stel dat je de juiste beslissing neemt. Ik weet nog niet hoe, maar veronderstel dat je een beslissing neemt waar je af en toe een beetje spijt van hebt – dat heeft iedereen wel eens – maar waarmee je goed kunt leven. Hoe weet je dat dat het geval is?
Amy: O, dus je bedoelt dat ik dan af en toe aan het alternatief zal denken?
Coach: Natuurlijk, dat doet iedereen wel eens. Nou ja, bijna iedereen.
Amy: Dat zeggen mijn vrienden ook. Ik heb geprobeerd te bedenken hoe ik het allemaal zo kon plooien dat ik echt een perfecte beslissing kan nemen. Sinds ik met jou een afspraak heb gemaakt, loop ik daarover na te denken. Misschien lukt het me niet om alles meteen goed te doen.
Coach: Ik denk dat je daarin gelijk hebt, ik bedoel dat je niet alles meteen goed kunt doen. Kun je zeggen hoe je weet dat je de juiste beslissing zult nemen, je huidige leven in aanmerking genomen?
Amy: Ik denk dat ik er over twee jaar heel anders over kan denken. Stel dat ik spijt krijg van mijn keuze?
Coach: Dat kan inderdaad gebeuren. Maar tegen die tijd heb je inmiddels zoveel over jezelf en je mogelijkheden geleerd dat het er misschien helemaal niet meer toe doet, omdat er dan allerlei andere uitdagingen zijn.
Amy: Dat zou leuk zijn. Maar ik weet nog steeds niet hoe ik je vraag moet beantwoorden. Ik vind het moeilijk een beslissing te nemen, omdat ik het idee heb dat ik twee jaar vooruit zou moeten kunnen kijken.
Coach: Dat begrijp ik wel. Iedereen wil wel graag weten wat er gaat gebeuren. Ik ga je nu een beetje vreemde vraag stellen. Stel dat er terwijl je sliep een wonder gebeurde en je morgen wakker wordt met een helder beeld van wat je de komen-

de twee jaar wilt doen. Uit welke veranderingen zou je kunnen opmaken dat er 's nachts een wonder is gebeurd?
Amy: Ik denk dat ik verkwikt wakker word, alsof ik goed geslapen zou hebben. Mijn lichaam zou lichter aanvoelen en ik zou dansend naar de badkamer gaan en mezelf vrolijk in de spiegel aankijken.
Coach: Dat klinkt goed. Als je in de spiegel hebt gekeken, wat zou je dan tegen jezelf zeggen?
Amy: Ik zou zeggen: Amy, je bent een grote meid en het wordt tijd dat je wat risico's neemt, bijvoorbeeld naar een andere stad verhuizen en een functie aannemen die je nog nooit hebt gehad: directeur van de afdeling human resources van een grote firma. En dan kijken wat je kunt en wat niet. Na twee jaar kun je altijd nog teruggaan.
Coach: Je neemt dan een flink risico. Net als een tiener die het huis uitgaat en op zichzelf gaat wonen. Waaruit zou jouw vriend kunnen opmaken dat er bij jou een wonder is gebeurd?
Amy: Ik denk dat als ik een risico durf te nemen, hij dat ook zal moeten doen. Als dat niet gebeurt, ga ik toch en leer ik allerlei nieuwe dingen over mezelf.

Het gesprek zorgde voor een normalisering van haar angst voor het onbekende. Ze had veel gepraat met vrienden, die haar allerlei suggesties en ideeën aan de hand hadden gedaan. Het is daarom goed om als coach geen suggesties te doen, tenzij de cliënt erom vraagt.
We geloven er heilig in dat het leven voortdurend verandert en nooit stilstaat. Daarom was het goed om voort te bouwen op Amy's idee over een proefperiode van twee jaar, waardoor het gemakkelijker werd de beslissing te nemen. Als coach kun je directe en indirecte complimenten geven, als ondersteuning van cliënten die pogen hun leven in eigen hand te nemen.

5 Niet vaak voorkomende, maar wel ernstige situaties

Alle coaches zullen vroeg of laat situaties tegenkomen die niet of nauwelijks in handboeken worden beschreven. Soms is het niet duidelijk onderscheid te maken tussen doelen en kwesties die deel uitmaken van een doodgewoon leven vol hoogte- en dieptepunten. Het leven kan veel rommeliger zijn dan we graag zouden willen. Sterker nog, het leven kan bijzonder ingewikkeld zijn en het is soms onmogelijk lijnen te trekken en het in nette categorieën onder te verdelen.
Er zijn maar weinig cliënten die met een lange lijst met problemen komen. De meesten zijn over het algemeen immers goed functionerende en competente mensen, die hun werkomstandigheden en vaardigheden willen verbeteren of optimaliseren. Daarom besloten we een kort hoofdstuk toe te voegen over niet vaak voorkomende situaties die enige speciale aandacht verdienen. We geven een overzicht van een aantal situaties die om creativiteit en goede ondersteuning vragen.
Niet alle cliënten vertellen meteen alles over hun problemen en de levensvragen waar ze mee worstelen. Niet omdat ze gereserveerd zijn of er bewust niets over willen vertellen, maar omdat ze denken dat bepaalde aspecten van hun leven niets te maken hebben met het probleem waarvoor ze zijn gekomen. Er is vaak ook moed nodig de problemen te lijf te gaan waarvan ze zich misschien pas bewust werden toen de problemen waarvoor ze kwamen werden opgelost. Dan hebben ze mogelijk pas de ruimte en energie om over problemen na te denken die hen al langere tijd bezighouden. Sommige cliënten merken dat als hun werksituatie verbetert, andere zeurende problemen verdwijnen en niet langer om aandacht vragen. Dat is het mooie van oplossingsgericht coachen. Andere cliënten belanden in een volledig onverwachte crisis.

Crises en onverwachte noodgevallen overkomen ook normale, gezonde en goed functionerende mensen. Daarom zijn wij van mening dat coaches eerste hulp moeten kunnen bieden bij de meest voorkomende problemen. In dit hoofdstuk gaan we in op verschillende van deze moeilijke en speciale situaties, die jouw vaardigheden op de proef zullen stellen. We zullen je laten zien wat je in dat soort gevallen moet doen en beschrijven de eerstehulpmaatregelen waarmee de cliënt het beste geholpen is. De ethiek van het coachen verplicht ons te doen wat het beste is voor een cliënt.

Heel soms komen we cliënten tegen die zulke verschrikkelijke ervaringen hebben dat ze het leven alleen maar als een zware worsteling kunnen zien. De vraag of de cliënt een hopeloos geval is of alleen maar hopeloos pessimistisch is niet belangrijk. Waar het om gaat is dat je cliënt gelooft dat hij in een hopeloze situatie is terechtgekomen waarvoor geen oplossing bestaat. Daarom zul je, net als bij andere cliënten, met diens beeld van de realiteit aan de slag moeten gaan en onmiddellijk dienen in te gaan op de kwestie hoe het komt dat hij de beproeving heeft weten te doorstaan, terwijl anderen in dezelfde situatie het er veel slechter af zouden brengen. Coping-vragen kunnen in dergelijke gevallen heel nuttig zijn. Die kunnen de cliënt hoop geven. Een uitgebreide beschrijving van het gebruik van coping-vragen vind je in hoofdstuk 3, waarin ook wordt beschreven wat je kunt doen als cliënten vertellen dat het slechter met hen gaat.

GEREEDSCHAPSKIST

Coping-vragen zijn bijvoorbeeld de volgende:
- Ik durf te wedden dat dat niet gemakkelijk is.
- Hoe ben je erin geslaagd deze situatie te verwerken?
- Waaruit blijkt dat er toch licht is aan het eind van de tunnel?
- Hoe ben je erin geslaagd om toch door te gaan?

Als zich een terugval voordoet

Ook in het normale leven doen zich tegenslagen voor, die veroorzaakt worden door gebeurtenissen waarop de cliënt geen invloed heeft of omdat hij geconfronteerd wordt met een geheel nieuwe situatie. Als dat gebeurt, hebben veel cliënten en coaches de neiging de conclusie te trekken dat ze gefaald hebben of dat de coaching niet heeft gewerkt. In de meeste situaties is geen van beide waar. In plaats daarvan kan een coach de cliënt beter geruststellen en vertellen dat een terugval normaal is. Ook al zet de cliënt twee stappen vooruit en één achteruit, er wordt toch vooruitgang geboekt en de situatie is niet slechter dan toen de cliënt begon. De terugval kan er zelfs op wijzen dat men niet gevallen is, maar nog steeds rechtop staat en vooruitkomt, al gaat dat niet zo snel als men zou willen. Het is hoe dan ook een stap vooruit.

In de volgende alinea's wordt beschreven wat je het beste kunt doen als zich een terugval voordoet.

Blijf kalm

Het is belangrijk dat de coach rustig blijft en niet laat zien dat hij geschokt of verrast is. Vraag de cliënt te beschrijven wat er is gebeurd. Vraag naar het wat, wie, waar, wanneer en hoe om zoveel mogelijk te weten te komen over de gedachten van de cliënt. Let op kleine successen die zich mogelijk hebben voorgedaan.

Een cliënt is bijvoorbeeld gewend te gaan schreeuwen als een grote order niet is doorgegaan, maar heeft deze keer anders gereageerd. Hij heeft vijf minuten buiten rondgelopen, heeft diep ademgehaald, wat stretchoefeningen gedaan en is toen naar zijn kamer teruggekeerd. Je kunt vragen waardoor het komt dat hij anders heeft gereageerd. Benadruk de verschillen en vraag de cliënt om uitleg.

Een jonge vrouw, Arlene, genoot van haar baan op het kantoor bij een transportbedrijf, maar vond het bijzonder vervelend als haar baas tekeerging wanneer zijn klanten niet op tijd betaalden of als een externe oorzaak de bedrijfsvoering negatief beïnvloedde. Arlene was bang voor de woede-uitbarstingen van haar baas. Het doel van het coachingstraject was niet alleen het behoud van haar baan, maar ze wilde ook niet langer geïntimideerd raken door haar baas. Ze wilde niet meer het gevoel hebben de hele dag op eieren te moeten lopen, ook nadat de baas weer gekalmeerd was.

Arlene vertelde tijdens haar derde sessie enigszins beschaamd dat ze een flinke terugval had doorgemaakt. Ze had de afgelopen week weer een van de woede-uitbarstingen zien aankomen. Ze had zich, in navolging van wat de vorige sessie besproken was, voorgenomen om kalm te blijven en haar baas te laten zien dat ze begrip voor hem had. Daar was ze echter niet in geslaagd. Toen de coach vroeg haar terugval in detail te beschrijven, vertelde ze dat ze zich vast had voorgenomen zich niet te laten beïnvloeden door de woede van haar baas. Ze voelde echter oude angsten opkomen, die haar deden denken aan de driftbuien van haar vader. Ze werd zo bang dat ze nauwelijks kon ademhalen. Ze werd eerst boos op zichzelf en vervolgens op haar baas omdat hij zo'n onrust veroorzaakte op kantoor. Ze was zonder een woord te zeggen weggegaan. Toen ze de volgende morgen weer op haar werk kwam, deed ze alsof er niets gebeurd was. Ze verontschuldigde zich niet omdat ze was weggegaan en zei niets over zijn woede-uitbarsting, vooral omdat ze er niet in geslaagd was kalm te blijven en begrip te tonen. Tot haar verbazing bood haar baas haar later zijn verontschuldigingen aan.

De coach vertelde hoe dapper hij het vond dat Arlene het kantoor was uitgelopen, aangezien ze voorheen volgens haarzelf altijd verlamd van angst was geweest. Tijdens het daarop volgende gesprek gaf Arlene op een gegeven moment aan dat haar vertrouwen dat ze de volgende keer beter zou reageren tot een 8,5 was gestegen. Ze dacht voorlopig ook niet meer sessies nodig te hebben, maar zei dat ze mogelijk later nog eens zou terugkomen.

Vraag naar wat geholpen heeft om ermee om te gaan

Soms gebeuren er helaas vervelende dingen in het leven van een cliënt: ontslag, ziekte, een auto-ongeluk, een sterfgeval, een ramp die niemand had kunnen voorzien, et cetera. Veel gebeurtenissen die ons leven een andere wending kunnen geven, komen onverwacht. Het is daarom goed de cliënt te vragen wat hij heeft gedaan om de vervelende gebeurtenis te verwerken. Luister daarbij goed of de cliënt nieuwe of andere coping-strategieën heeft gebruikt. Zo had de coach het volgende gesprek met Arlene nadat ze had verteld wat ze tijdens de meest recente woede-uitbarsting van haar baas had gedaan.

TIP UIT DE PRAKTIJK

Geen probleem doet zich voortdurend voor. Wat gebeurt er de rest van de tijd?

Niet vaak voorkomende, maar wel ernstige situaties

Coach: Je bent dus het kantoor uitgelopen. Heb je niet het gevoel dat je daarmee iets radicaal anders deed dan gewoonlijk?

Arlene: Ja. Echt heel anders. Zoiets heb ik nog nooit eerder gedaan.

Coach: Hoe ben je op het idee gekomen zonder iets te zeggen het kantoor uit te lopen? Je zegt dat dat voor jou iets totaal nieuws is.

Arlene: Na ons vorige gesprek dacht ik: 'Wacht eens eventjes, ik hoef dat niet te accepteren. Ik kan er ook niks aan doen dat hij zo driftig wordt.' Ik bedacht dat ik maar het beste gewoon naar huis kon gaan. Hij moet zelf maar een oplossing zien te vinden voor zijn frustraties.

Coach: Heel mooi. Ik probeer me voor te stellen hoe dat is gegaan. Je zegt tegen jezelf: 'Het is niet mijn fout', en loopt vervolgens het kantoor uit. En je geeft aan dat dit een grote verandering voor je is.

Arlene: Inderdaad. Ik voelde me altijd verantwoordelijk voor mensen als ze zich niet goed voelen en dacht dat ik hen moest kalmeren en troosten. Maar ik had me voorgenomen dat niet meer te doen.

Coach: Geweldig. Denk je dat je dat de volgende keer weer kunt doen? En als je baas weer een woede-uitbarsting krijgt? Loop je dan weer weg?

Arlene: Ik heb nog nooit meegemaakt dat hij iemand zijn excuses aanbood. Ik denk dat mijn collega's net zo verbaasd waren als ik. Ik denk dat ik het best nog eens kan doen. Ik denk dat ik een 8 zou geven op jouw schaal.

Luister goed naar je cliënt om te horen hoe vindingrijk en creatief hij is geweest. Arlene is er niet alleen in geslaagd goed te reageren op de vervelende situatie, maar is zelfs een stap verder gegaan door iets te doen wat ze nog nooit eerder heeft gedaan. Dat wil zeggen, ze had het gevoel dat ze de ander niet hoefde op te beuren en dat ze niet verantwoordelijk was voor wat er gebeurde. Cliënten hebben een dergelijke vindingrijkheid en creativiteit nodig, zodat het hun steeds beter lukt onvoorspelbare gebeurtenissen het hoofd te bieden. Aanvankelijk had Arlene dus het idee dat het haar nog minder goed lukte met de onvoorspelbare uitbarstingen van haar baas om te gaan. De coach maakte haar echter duidelijk dat ze het zelfs beter deed en een verandering in haar gedrag had bewerkstelligd.

Vraag wat de cliënt moet doen om weer op het juiste spoor te komen

Laat het niet bij bewonderende uitspraken over het vermogen van de cliënt moeilijke situaties het hoofd te bieden, maar praat ook over wat de cliënt moet doen om weer op het juiste pad te komen. Daarmee geef je aan dat de terugval slechts een kleine omweg is en dat de aandacht weer gericht moet worden op het oorspronkelijke coachingsdoel. Aan de hand van schaalvragen kun je vragen hoeveel vertrouwen cliënten erin hebben dat ze weer op het juiste spoor kunnen komen om het gewenste doel te verwezenlijken.

Als er geen vooruitgang geboekt wordt

Tijdens trainingen, consultaties en supervisies wordt ons vaak gevraagd wat je kunt doen in geval van een impasse, waarbij de cliënt geen vooruitgang zegt te boeken. Een coach kan gefrustreerd raken als vorderingen uitblijven. Als je dat meemaakt, kun je het beste even pas op de plaats maken en een aantal aspecten nader onderzoeken.

Neem het doel onder de loep

Vergewis je ervan dat de doelen die de cliënt aanvankelijk noemde nog steeds gelden. Aangezien de omstandigheden vandaag de dag snel kunnen veranderen, wil men de aan het begin door coach en cliënt vastgestelde doelen nog wel eens uit het oog verliezen. Sla je notities er nog eens op na en zorg ervoor dat je je richt op wat de cliënt belangrijk vond. Als blijkt dat je bent afgedwaald, wees dan eerlijk tegen de cliënt en controleer of de genoemde doelen nog steeds relevant zijn.

Gebruik schaalvragen

Zo nodig kun je de vooruitgang meten en het doel opnieuw bespreken.

Coach: Ik denk dat het een goed idee is om in dit stadium eens te kijken of we nog op de juiste weg zitten. We hebben elkaar sinds de eerste sessie in maart vier keer gezien. Ik heb een paar vragen voor je. Herinner je je nog dat je toen je me voor het eerst bezocht flink in de war was? Weet je nog hoe slecht het met je ging? Laten we zeggen dat je toen een 1 scoorde en dat een 10 zou betekenen dat

het redelijk goed met je gaat en dat je zonder coaching zou kunnen. Welk cijfer tussen 1 en 10 zou je je leven nu geven?
Cliënt: Even denken … tussen een 7 en een 8.
Coach: Dus ongeveer een 7,5?
Cliënt: Ja, dat klopt wel denk ik.
Coach: Mooi! Wat is er veranderd aan je probleem nu je een 7,5 scoort?
Cliënt: Ik heb er meer vertrouwen in dat ik beter kan omgaan met mijn uitstelgedrag. Ik gooi gewoon een munt op en doe wat de munt me vertelt. Dat werkt tot nu toe prima.

Deze korte dialoog laat zien hoe de coach de cliënt helpt bij het evalueren van zijn vorderingen met betrekking tot zijn neiging tot uitstellen. De volgende stap is een bespreking van de wijze waarop en wanneer de coachingsessies beëindigd worden.

Evaluatie

Omdat de cliënt de expert is met betrekking tot wat goed is voor hem, kun je hem vragen jou te helpen met een evaluatie van de verbeteringen. Luister goed hoe de cliënt de coaching beschrijft. Met schaalvragen kan de evaluatie concreter en meetbaar gemaakt worden. Dat geldt zelfs voor immateriële zaken als angst, hoop en spanningen. Omdat coaching voor de cliënt zowel een subjectieve als een objectieve ervaring is, is zijn beoordeling sterk afhankelijk van het beeld dat hij zich ervan heeft gevormd en minder van feitelijke informatie.

TIP UIT DE PRAKTIJK

Onderzoek met de cliënt wie of wat hem kan steunen bij een eventuele terugval.

Jouw evaluatie moet onder andere betrekking hebben op de doelen van de coaching. Was het doel realistisch? Werd het doel in concrete, gedragsmatige termen beschreven? Als het doel niet in meet- of telbare termen is beschreven, is het vaak moeilijk om vast te stellen of het gerealiseerd is. Zorg er daarom voor dat het doel in meetbare termen wordt beschreven. Daardoor kan de cliënt makkelijker constateren of de coaching helpt of niet. Maak je niet ongerust als je de coaching zonder een duidelijke doelomschrijving begon. Je kunt altijd beginnen met schaalvragen. Geef het eind van de coaching een 10 en de toestand toen de coaching begon een 1. Vraag welk cijfer de cliënt op dat moment geeft en wat er moet gebeuren om het dichter bij een 10 te brengen. Zorg ervoor dat aanwijzingen voor een 10 in concrete termen worden beschreven, dus als de aanwezigheid van oplossingen en niet als de afwezigheid van problemen. Het is altijd goed een succesvolle periode te evalueren, ook al is deze van korte duur, want de herinnering aan eerdere successen geeft cliënten de hoop op nieuwe successen.

Kijk of er sprake is van kleine veranderingen

Het is niet erg waarschijnlijk dat coaching niets heeft veranderd, alleen al omdat het leven voortdurend verandert. Als de cliënt toch het idee heeft dat er niets is veranderd, zal deze zeer waarschijnlijk gezocht hebben naar een grote, drastische verandering. Het is daarom goed op zoek te gaan naar kleine veranderingen. Misschien is het de cliënt niet duidelijk geworden dat veranderingen in kleine stapjes verlopen. Als de cliënt op zoek was naar grote, ingrijpende veranderingen zal hij vanzelfsprekend teleurgesteld zijn en het idee hebben dat er niets is veranderd.

Als de cliënt nog niet aan verandering toe is

Omdat we ons met hulpverlening bezighouden, kan het gebeuren dat we iets te voortvarend proberen het leven van cliënten te veranderen. Soms denken we dat het leven van een cliënt met een paar veranderingen al sterk zou verbeteren. Dan hebben we soms de neiging meer veranderingen te willen doorvoeren dan de cliënt zelf. Sommige cliënten zijn nu eenmaal tevreden met een kleine verbetering. Die kan immers al voor voldoende opluchting zorgen. Zorg er in dergelijke situaties voor dat je de agenda van de cliënt volgt, en niet de jouwe.

Accepteer de visie van de cliënt

We herhalen het nog maar eens: de klant heeft altijd gelijk. Aanvaard dus de visie van cliënten en laat hen zelf beslissen wat goed voor hen is. Voorkom dat je hun jouw waarden gaat opleggen. Ga er niet van uit dat ze niet mee willen werken, maar accepteer dat ze behoefte hebben aan rust en willen genieten van hun successen. Wacht tot ze aangeven klaar te zijn voor de volgende stappen. Moedig hen daarbij aan en accepteer hun wensen.

Als ze geen vooruitgang lijken te boeken, zul je misschien over ethische aspecten moeten gaan nadenken. De coachingsrelatie is gebaseerd op een contract tussen een cliënt die professionele hulp zoekt en de coach, die te kennen geeft dat hij over de noodzakelijke vaardigheden beschikt om de cliënt te helpen. Daarom moet de coach voortdurend tussentijds controleren of de cliënt krijgt waar hij voor betaalt. Behalve de contractuele eisen bestaan er ook ethische plichten: je mag de cliënt niet misleiden en hem niet laten betalen voor iets wat hij niet krijgt. Als de coach het idee krijgt dat hij niet aan de contractuele verplichtingen kan voldoen, dan is hij verplicht de cliënt daarover in te lichten en voor te stellen de professionele relatie te beëindigen, en de cliënt eventueel door te verwijzen naar iemand die hem beter kan helpen. Dit punt kunnen we niet genoeg benadrukken.

Crises en noodgevallen

Weliswaar is het niet waarschijnlijk dat iemand je hulp inschakelt vanwege een ernstige crisis, een noodgeval, verslaving of levensbedreigende situaties zoals geweld. Maar stel dat het een keer voorkomt, dan kan het jouw zelfvertrouwen een flinke knauw geven. Daarom is het goed om enigszins voorbereid te zijn op dergelijke situaties. We beschrijven hier kort hoe je eerste hulp kunt bieden, om vervolgens de cliënt door te kunnen verwijzen.

Een emotionele crisis verschilt aanzienlijk van een lichamelijk noodgeval, waarbij de veiligheid en de snelheid waarmee de eerste hulp gegeven wordt van primair belang zijn. Medische noodgevallen zullen waarschijnlijk meer in het oog springen. In de meeste gevallen zijn er duidelijke tekenen zichtbaar, zoals ademhalingsmoeilijkheden, een snelle pols, verhoogde lichaamstemperatuur, et cetera.

Emotionele crises kunnen zich op allerlei manieren manifesteren. Ze kunnen ook onjuist geïnterpreteerd worden, vooral als culturele verschillen een rol spelen. Omdat er een grote variatie bestaat in de manier waarop mensen emoties uiten, zal bekendheid met culturele verschillen van belang zijn voor een beoordeling van de ernst van de situatie. Alle coaches kunnen echter leren om problemen te signaleren en steun te verlenen in geval van een crisis. We geven enkele richtlijnen voor het geven van eerste hulp bij dergelijke crises.

> **TIP UIT DE PRAKTIJK**
>
> Misschien ken je de uitdrukking 'de schoonheid der vrijster ligt in 's vrijers oog'. Wij denken dat 'de ontkenning van de cliënt in 't oog van de coach ligt'.

Het woord *crisis* heeft betrekking op een gebeurtenis of ervaring die totaal onverwacht kwam, waarbij de betrokkene volkomen overweldigd is door de situatie. Mensen die zoiets overkomt, raken in paniek of zien eruit en gedragen zich alsof ze niet weten wat ze moeten doen. Ze vertellen vaak dat ze volledig de weg kwijt zijn. Er zijn geen kant-en-klare oplossingen voor dit soort situaties. Als coach zul je moeten improviseren om de cliënt te kunnen geven wat deze nodig heeft. Je kunt ook gemakkelijk zelf in paniek raken, waarna de situatie alleen maar verergert. Emotionele reacties van de coach kunnen het gedrag van de cliënt versterken en de crisis vergroten.

- Blijf kalm. Het is belangrijk om met het verstand en niet met emoties te reageren. Het is verleidelijk de cliënt onze eigen oplossingen op te leggen omdat de cliënt vaak in shock is en niet in staat lijkt om goed na te denken. Het is ook niet meer dan natuurlijk dat de cliënt in shock is en dat het verstand het enige tijd laat afweten.
- Ook al lijkt het alsof de cliënt niet in staat is om weloverwogen beslissingen te nemen, dan wil dat nog niet zeggen dat dat ook zo is.
- Veel toeschouwers zijn vaak zo geschokt dat ze simpele vragen vergeten te stellen. Bijvoorbeeld: 'Wanneer heb je voor het laatst gegeten?' Of: 'Wanneer heb je voor het laatst gedronken?' Dergelijke vragen kunnen de cliënt terughalen in het hier en nu. Veel mensen beseffen niet dat het cognitief functioneren vertraagd is als iemand lange tijd niet gegeten of gedronken heeft. Zorg er daarom voor dat de cliënt voldoende vocht binnenkrijgt en niet langer dan 3 of 4 uur geleden iets gegeten heeft. Een assessment van de intellectuele capaciteiten van de betrokkene is in dit soort situaties niet op zijn plaats.
- Vraag wat de cliënt op dat moment nodig heeft, zodat hij de dag of nacht doorkomt. Als we niet midden in een crisis zitten, is het niet zo moeilijk om over langetermijnoplossingen na te denken. Maar als de wereld op zijn kop

staat, kunnen cliënten alleen maar aan het hier en nu denken. Zorg voor een follow-up of ondersteuning van een derde.
- Vraag wat bij het verwerken van de crisis heeft geholpen, al was het maar voor korte tijd. Zoek uit wie of wat gedurende de eerste 30 minuten na de crisis geholpen heeft. Cliënten komen soms met verbazingwekkende oplossingen.

Een voorbeeld. Op een dag belde het hoofdkantoor van een nationale restaurantketen 's morgens heel vroeg voor een noodgeval met betrekking tot een van de managers. Men wilde meteen afspreken. Het bedrijf had de coach al ingeschakeld voor managementcoaching en men was goed over haar te spreken. De coach kreeg te horen dat de avond ervoor een verschrikkelijke brand had gewoed in een van de restaurants en dat het gebouw volledig was verwoest. De manager van het betreffende restaurant, meneer Gonzales, verkeerde in shock en kon niets meer uitbrengen. De beller verzocht de coach meneer Gonzales meteen te ontvangen omdat het kantoor geen tijd wilde verspillen met het zoeken naar een therapeut. Meneer Gonzales had onmiddellijk hulp nodig.
De coach, die naar haar praktijkruimte gekomen was om wat achterstallig administratief werk te doen, had verwacht die dag nauwelijks cliënten te ontvangen. Ze vroeg de beller meneer Gonzales onmiddellijk naar de praktijk te sturen. Meneer Gonzales zag eruit alsof hij volkomen uitgeput was en dagenlang niet had geslapen. De coach kreeg echter goede hoop toen ze hoorde dat meneer Gonzales zelf naar de praktijk was gereden en in één keer de weg had weten te vinden. De coach en meneer Gonzales gingen zitten en de laatste vertelde wat er was gebeurd. Hij was al jaren de manager van het restaurant en hij was aanwezig geweest toen de brand uitbrak. De brandweer werd meteen gebeld en wist het vuur te blussen, maar niet zonder aanzienlijke schade aan het restaurant. Meneer Gonzales was niet de eigenaar, maar was als manager aangesteld. De schok was zo groot dat hij zich nauwelijks meer herinnerde wat er precies was gebeurd. De coach besefte dat meneer Gonzales kennelijk in staat was gebleken om 's avonds naar huis te rijden en de volgende dag per auto naar de praktijk van de coach te komen.

Coach: Wat een vreselijke nacht moet dat zijn geweest. Wie of wat heeft u door de nacht heen geholpen?

Meneer Gonzales: Het was inderdaad de ergste nacht die ik ooit heb meegemaakt. Ik tril er nog van … Ik ben ontzettend blij dat geen van de werknemers gewond is geraakt … De brandweer was er, water, overal lag water … Toen kwam de politie en moest ik met een heleboel mensen praten, terwijl ik ondertussen mijn mensen probeerde te kalmeren …

Coach: Dus u had het heel druk vannacht. Wanneer drong tot u door dat u de brand had overleefd?

Meneer Gonzales: Ik deed gewoon automatisch wat ik moest doen. Tot ik thuiskwam, volkomen uitgeput en verdoofd door alles wat er gedaan moest worden.

Coach: Wat van de dingen die u hebt gedaan, heeft ervoor gezorgd dat u de nacht bent doorgekomen?

Meneer Gonzales: Ik herinner me dat ik toen ik mijn huis binnenging dacht dat het was alsof ik tien jaar geleden van huis naar mijn werk was vertrokken. Ik had het rare idee dat ik mijn leven terug moest zien te krijgen. Weet je wat ik deed? Ik ging naar de woonkamer, ging in mijn leunstoel zitten, pakte de krant en deed alsof ik zat te lezen. Maar er drong helemaal niks tot me door. Dat doe ik elke avond voordat ik naar bed ga, de krant lezen. Het was alsof ik dat *moest* doen.

Coach: Indrukwekkend, wat u allemaal op een avond hebt doorstaan. Nog verbazingwekkender is dat u erin geslaagd bent uw dagelijkse routine op te pakken. Lijkt mij volkomen logisch.

Meneer Gonzales: Gewoon thuis zijn, in mijn stoel zitten, dat deed me goed. Dat was tenminste nog normaal.

Coach: Dat begrijp ik wel. In al die chaos en verwarring vond u iets waaraan u zich kon vasthouden. Wat heeft er nog meer geholpen?

Meneer Gonzales: Mijn vrouw. Ze was geweldig. Normaal praat ze veel, maar ik kon dat gisteravond niet hebben. Ik wilde alleen zijn en alles tot me laten doordringen. Ik wilde er zeker van zijn dat er niemand van mijn mensen gewond was geraakt, begrijp je wel?

Meneer Gonzales was nu in staat ook aan de mensen in zijn omgeving te denken, zoals zijn vrouw en zijn medewerkers. Vervolgens wilde hij zelf weer een beetje tot rust komen. Maar hij moest eerst terug naar het restaurant om de schade aan het gebouw te bekijken. Hij moest met de politie, de verzekering, et cetera overleggen.

> **INTERESSANT FEIT**
>
> Er is onderzoek gedaan naar cliënten die maar naar één therapiesessie kwamen.[7] De meeste therapeuten dachten dat dat kwam omdat er iets ontbrak waaraan ze behoefte hadden, waardoor de sessie niet had geholpen. Van de patiënten vertelde echter 78 procent dat die ene sessie hen voldoende had geholpen, zodat het niet nodig was terug te komen.

Vraag of de cliënt steun van anderen kan krijgen. Zoek uit wie, wanneer, waar en wat het meest heeft geholpen om met de situatie om te gaan en zorg dat de cliënt dingen blijft doen die hem hebben geholpen.

De cliënt doorverwijzen

Als je vanwege de situatie of het probleem niet in staat bent de cliënt voldoende te helpen, kun je hem het beste doorverwijzen naar een hulpverlener die beter op de behoeften van de cliënt kan inspelen. Uit ethische overwegingen dien je je best te doen ervoor te zorgen dat de cliënt jouw advies inderdaad opvolgt. Het is natuurlijk nooit zeker dat je cliënt jouw suggestie opvolgt, maar als je de verwijzing zorgvuldig met hem bespreekt, wordt de kans groter dat je cliënt gebruik zal maken van de geboden mogelijkheden.

Bespreek de beperkingen van wat je kunt bieden. Wees eerlijk en leg uit dat jouw training en expertise zich beperken tot coaching en dat de problemen van de cliënt vragen om gespecialiseerde hulpverlening. Een cliënt heeft bijvoorbeeld een medisch onderzoek nodig of er spelen gezondheidsproblemen, zoals stoppen met roken, overmatig drugs- en alcoholgebruik, psychiatrische problemen, mishandeling of ernstige relatie- of gezinsproblemen. Deze problemen behoeven gespecialiseerde hulp.

Vraag cliënten hoe ze denken over doorverwijzing en of ze een voorkeur hebben voor een vrouwelijke of mannelijke hulpverlener. Het is over het algemeen verstandig cliënten de ruimte te geven om te kiezen. Bespreek wat elke hulpverlener de cliënt te bieden heeft. Geef de gegevens (naam en telefoonnummer) van ten minste drie hulpverleners. Als de cliënt goed geïnformeerd is, neemt de kans op een succesvolle verwijzing toe.

Vraag de cliënt wat hij van een verwijzing verwacht. Vraag ook wat hij van plan is te doen zodat hij optimaal gebruik kan maken van de diensten van degene naar wie hij wordt doorverwezen. Daardoor zal hij actief kunnen participeren. Het is verstandig enige tijd vrij te maken om de verwijzing door te spreken, zodat de cliënt kan nadenken over hoe hij er zelf actief aan kan bijdragen dat hij de beste hulp krijgt.

Als de cliënt al ervaring heeft met crisisinterventie, bijvoorbeeld in de vorm van een behandeling voor alcohol- of drugsproblemen, dan kun je met hem bespreken wat er deze keer anders zou moeten om de behandeling wel te doen slagen.

Hoe je één sessie het beste kunt benutten

Zoals we naar aanleiding van het voorbeeld van de journalist die een crisis doormaakte hebben gezien, is op grond van het probleem waarmee de cliënt komt vaak niet op te maken hoeveel sessies er nodig zijn. Meestal komen cliënten eenmaal naar psychotherapeutische sessies. Afhankelijk van de samenstelling van de cliëntenpopulatie en de aard van de problemen waarin men gespecialiseerd is, komt tussen de 30 en 40 procent van alle nieuwe cliënten voor psychotherapie slechts eenmaal. Daarom is het noodzakelijk dat coaches weten hoe ze bij oplossingsgericht coachen te werk moeten gaan. Ze moeten doen alsof elke sessie de laatste kan zijn. Dat geldt zeker voor het coachen van cliënten, want bijna alle cliënten zijn werknemer of kleine zelfstandigen en de druk om werk en privéleven in evenwicht te houden kan bijzonder groot zijn. Het mag de coach dan ook niet verbazen als een cliënt de coaching beëindigt.

VRAAG UIT DE PRAKTIJK

'Wat zeg je tegen een cliënt die net ontslagen is en die als antwoord op de wondervraag zegt zijn baan terug te willen?'

Dit is een zeer ongelukkige situatie – we zouden immers graag willen dat zijn wens wordt ingewilligd. We hebben zelf ook cliënten gehad die dat wilden. We hebben ook gewerkt met echtgenoten en partners die op een medisch wonder hoopten voor hun geliefden. Je kunt het beste serieus

> ingaan op een dergelijke verwachting. Maar daar mag het niet bij blijven. We moeten immers verder.
> Je kunt vragen: 'Wat zou je op die wonderdag doen, als je je baan terug hebt gekregen?' 'Hoe zou dat helpen?' 'Zou het nu ook helpen als je dat deed?'

Het lijkt voor de hand te liggen om zoveel mogelijk in één sessie te doen, maar coaches doen het tegenovergestelde. Ze werken met de precisie van diamantsnijders en zoomen in op het belangrijkste element dat naar verwachting het grootste effect zal hebben.

Hoe weet men dan wat het grootste effect zal hebben op het leven van een cliënt? We weten natuurlijk niet of het altijd werkt, maar als we de door de cliënt gewenste uitkomst blijven benadrukken, dan is de kans groot dat de cliënt zijn aandacht richt op wat mogelijk het belangrijkste aspect is. Maak er een gewoonte van het soort vragen te stellen zoals hieronder:

- Wat verwacht je van deze sessie?
- Wat moet er tijdens deze sessie gebeuren zodat je kunt concluderen dat het een goed idee was om een afspraak met mij te maken?
- Wat zou je beste vriend zeggen als hem gevraagd zou worden of hij kan zien dat jouw afspraak met mij nuttig is geweest?

Cliënten hebben misschien wat tijd nodig om alles tot zich door te laten dringen, omdat ze meestal aan het begin nog niet willen praten over het resultaat van coaching.

Conclusies

Het schrijven van dit boek is, net als bij andere boeken in het verleden het geval was, een onderzoek geworden naar onze werkwijze, onze ideeën, onze successen en mislukkingen. Schrijven dwingt tot reflectie, helder denken en expliciet maken wat in ons dagelijks leven onuitgesproken blijft. Dat is tegelijk de pijn en de vreugde van het schrijven. En er blijft altijd iets om te betreuren of waarvoor we ons schamen. Natuurlijk zijn er ook schuldgevoelens omdat we niet altijd beschikbaar waren voor onze geliefden. En waardering voor familieleden en vrienden die ons de ruimte gaven om te werken en die ons af en toe gemist zullen hebben. Veel steun kregen we van collega's, die hun ervaringen met ons deelden en bruikbare ideeën hadden. Elke keer vragen we ons af waarom we het doen. Waarom stoppen we zoveel tijd in het schrijven? Waarom willen we er zo veel voor opofferen, ontzeggen we ons zo veel, accepteren we de druk van deadlines en afspraken? Nu dan, dat heeft alles te maken met onze compassie met cliënten, met toewijding en met het verlangen een bijdrage te kunnen leveren aan de oplossing van de problemen van cliënten. Vervolgens denken we aan alle lessen die we van cliënten hebben geleerd. Zoals bij elk beroep het geval is, zijn onze cliënten de beste leraren en we moeten ervoor zorgen altijd open te staan voor hun lessen. Alleen dan kun je beter worden in wat je doet. Coaching is meer een kunst dan een wetenschap. De kunst van het coachen heeft te maken met een gevoeligheid voor de ideeën van anderen, met inzicht in welke rol sociale relaties spelen en hoe deze het best vormgegeven kunnen worden. We willen graag dat onze cliënten goede keuzen maken, niet alleen omdat ze dan productiever worden, maar ook omdat ze daar wel bij varen. Vaardigheden kunnen aangeleerd en ontwikkeld worden, maar we zijn ervan overtuigd dat de wil om onze vaardigheden te verbeteren en compassie met anderen de belangrijkste kenmerken zijn. Daaraan willen we twee andere kenmerken toevoegen.

Bescheidenheid

Zoals een wijs mens eens zei: *hoe meer we leren, hoe meer we beseffen dat er nog veel meer te leren valt.* Hoe langer we ons met coaching bezighouden, des te beter we ons realiseren dat we nog veel meer moeten leren. Deze wil om te leren komt daarom voort uit bescheidenheid over ons gebrek aan kennis. De beste leraren zijn onze cliënten, met hun pijn en frustraties, en onze collega's, die onze roeping met ons delen.

Nieuwsgierigheid

Een nieuwsgierige houding zorgt ervoor dat we blijven groeien en niet stilstaan. Een oneindig respect voor onze cliënten en grote nieuwsgierigheid naar de vele creatieve en unieke manieren waarop ze hun eigen oplossingen vinden, is het meest fascinerende en bevredigende aspect aan het werken met mensen. We hopen dat je net als wij enthousiast, gepassioneerd, nieuwsgierig en verbaasd raakt door wat mensen allemaal voor elkaar krijgen.

Appendix: coachingsoefeningen en geheugensteuntjes

Oplossingen zoeken bij onvrijwillige cliënten

1. Zelfonderzoek: zorg dat je niet wordt gehinderd door persoonlijke vooroordelen. Leg alles wat je over je cliënt gehoord of gelezen hebt terzijde. Stel je open voor de visie van de cliënt. Neem een houding van 'niet weten' aan en wees nieuwsgierig.
2. Maak eerst kennis met de persoon en niet het probleem.
    A Maak kennis met de persoon:
    - Zoek uit wat de cliënt belangrijk vindt.
    - Zoek uit wie de cliënt belangrijk vindt.
    - Zoek uit wat de dromen en ambities van de cliënt zijn.

    B Zoek samen met de cliënt een oplossing voor het probleem.
    - Ga achter de cliënt staan (of naast hem).
    - Zoek uit wat de cliënt kan en wil doen om zijn doelen te verwezenlijken (vraag naar uitzonderingen).
3. Probeer tot duurzame oplossingen te komen.
    A Zoek uit wat de cliënt precies wil (en niet wat hij niet wil).
    B Bespreek successen uit het verleden en heden in verschillende sociale contexten (uitzonderingen).
    C Wat moet de cliënt doen om de uitzonderingen te herhalen? Vraag 'Hoe heb je dat gedaan?' Of: 'Hoe wist je dat het zou werken?'
    D Denk aan bruikbare vragen: open, wonder-, uitzonderings- en schaalvragen.
4. Help de cliënt met het beoordelen van de vorderingen.

A Gebruik allerlei varianten van de schaalvraag.
B Vraag wat de volgende kleine stap is om een gewenste kleine verandering te bewerkstelligen.
C Zoek uit hoe belangrijke anderen de vooruitgang van de cliënt inschatten.
D Vraag wat er nodig is om dichter bij een 10 te komen.
E Stel geregeld relatievragen. (Wat zou jouw vriend antwoorden op de vraag welke score je op de schaal op dit moment hebt?)
F Maak gebruik van schaal- en relatievragen; zoek naar aanwijzingen voor uitzonderingen.

Het contact met de cliënt verdiepen

- Vraag toestemming om te doen wat we toch al gaan doen. (Het maakt veel uit hoe we het doen.)
- Neem de wensen (de doelen) van cliënten serieus.
- Leg de doelen die je jezelf (of de instelling waar je werkt) stelt in begrijpelijke bewoordingen uit (vermijd jargon).
- Zorg dat cliënten proberen specifieke doelen te verwezenlijken die voor hen belangrijk zijn.
- Cliënten bezigen soms voor hen relevante, kenmerkende termen. Gebruik deze ook tijdens je gesprekken met de cliënt.
- Als cliënten betrokken raken bij het coachingsproces kan dat erin resulteren dat ze werkelijk anders gaan denken.
- Houd voortdurend voor ogen wie of wat belangrijk is voor de cliënt.
- De medewerking van een cliënt garandeert niet dat hij ook doet wat hij zegt, maar het is een noodzakelijke voorwaarde voor een goed resultaat.
- Informeer de cliënt over elke volgende stap.

Uitlokken, details uitwerken, aanmoedigen en opnieuw beginnen

Lok uit – vraag naar positieve veranderingen

Wat is er beter, al is het maar een klein beetje? Wat heb je gedaan om je leven beter te maken? Welke dag was de beste dag? Hoe kwam dat? Vertel me eens over een keer dat je kans zag problemen te vermijden. Wat zou je beste vriend antwoorden op de vraag wat er voor jou beter is gegaan?

Werk de details uit – vraag naar de details van positieve veranderingen

Wanneer is dat gebeurd? Vertel me eens wat er precies is gebeurd. Wanneer? Wat deed je nog meer? Wie heeft dat gezien of opgemerkt? Hoe merkte je dat ze dat zagen? Hoe reageerden ze? Wat deed je toen? Hoe wist je wat je moest doen? Op welke manier heeft dat geholpen? Hoe weet je dat je dat weer kunt doen?

Moedig aan – zorg ervoor dat de cliënt positieve veranderingen opmerkt en waardeert

- Non-verbale boodschap: leun naar voren, trek je wenkbrauwen op of pak een pen en maak notities.
- Verbale boodschap: onderbreek je cliënt door met verbaasde blik te vragen: 'Wat vertel je me nu?' Of: '*Wat* heb je gedaan?'
- Complimenten: complimenteer je cliënt voor wat hij heeft gepresteerd. Complimenteer hem zelfs voor wat er niet gedaan is door te zeggen: 'Ik ben blij dat je zo verstandig was om kalm aan te doen', als de cliënt niets gedaan heeft. Probeer altijd positieve motieven aan het licht te brengen.

Begin opnieuw – ga terug naar het begin en richt je op door de cliënt naar voren gebrachte veranderingen

Wat is er nog meer beter gegaan? Hoe heb je dat voor elkaar gekregen? Op welke manier heeft dat jou geholpen? Wat voor verschil maakte dat voor jou? Wat zou je beste vriend (je moeder, baas, dochter, leraar, reclasseringsambtenaar) zeggen over wat je hebt gedaan?

Complimenten als interventie

Doel
Om cliënten te helpen inzien dat wat ze doen het verwezenlijken van hun coachingsdoelen zal bevorderen.

Direct compliment
Zeg iets over een positieve eigenschap.

Voorbeeld: Dat is geweldig! Ik ben blij dat je dat hebt gedaan! Ik denk dat je eigenlijk allang wist dat je je kon beheersen als je kwaad bent.

Type 1
Bij het stellen van vragen moet je letten op het gebruik van kenmerkende woorden. Gebruik deze vervolgens in je volgende vragen.

Voorbeeld: Hoe ben je erin geslaagd 'de boel weer rustig te krijgen'? Wanneer heb je je 'zachte stem' nog meer gebruikt?

NB: Op deze manier kun je een gedetailleerd beeld krijgen van de oplossing, waarbij de cliënt de weg wijst.

Type 2
Geef een impliciet compliment door naar belangrijke relaties te verwijzen.

Voorbeelden: Wat denk je dat je baas gezien heeft op grond waarvan ze kan concluderen dat je iets aan onze gesprekken hebt?
Waarom denk je dat je baas besloten heeft je te laten blijven, ondanks het conflict dat hij met je had?
Hoe zou je aan je baas kunnen merken dat hij jouw verborgen talenten waardeert?

Type 3
Laat impliciet weten dat de cliënt zelf het beste weet wat goed voor hem is.

Voorbeelden: Zeg niet 'Heb je daar iets aan?' Maar: 'Dus je bent tot de slotsom gekomen dat je daar iets aan hebt?' 'Hoe wist je dat dat zou helpen bij je werk?' Of: 'Hoe ben je erachter gekomen dat dat werkt?'

Algemene regel
Het werkt altijd het beste als je cliënten helpt erachter te komen over welke hulpmiddelen en vaardigheden ze zelf beschikken.

Het versterken van de samenwerking met cliënten: hulpmiddelen om oplossingen te vinden

Wat

- Vertel me eens op welke prestaties je trots bent.
- Wat zegt dat over jezelf?
- Wat werkt op dit moment voor jou het best?
- Wat zou je beste vriend zeggen over wat je voor elkaar hebt gekregen?
- Wat zou je beste vriend zeggen als hem gevraagd werd naar jouw drie beste eigenschappen?
- Hoe wil je deze goede eigenschappen gebruiken?
- Wat verandert er daardoor bij jou?
- Wat moet je doen om deze verandering te bestendigen?
- Welke eerste kleine stap kun je zetten om je leven beter te maken?
- Wat doe je als je merkt dat je de neiging hebt terug te vallen?
- Welke kleine stap wil je eerst zetten? En daarna?
- Wat denk je dat je dan doet wat je op dit moment niet doet?
- Op grond waarvan denk je dat je nu een 6 scoort?

Wie

- Wie heeft jou het meeste over het leven geleerd? Hoe heeft deze persoon je dat geleerd? Hoe nog meer?
- Op wiens steun kun je rekenen? Wie helpt je als je problemen hebt?
- Wie zal het eerst merken dat je veranderd bent?
- Wie wil dat je hiernaartoe komt? Wat wil deze persoon dat je verandert?

Wanneer

- Wanneer ga je je beste vriend laten zien hoe trots je op jouw prestaties bent?
- Als je begint de veranderingen door te voeren, wat zal er dan anders zijn?
- Wanneer is het het juiste moment voor de eerste stap?
- Wanneer je deze veranderingen hebt doorgevoerd, wie zal dan als eerste iets van de veranderingen merken?
- Welke verandering zou je beste vriend dan bij jou zien?

Waar
- Waar heb je besloten dat je je leven wilt veranderen?
- Waar zul je zijn als je voor het eerst iets van de verandering merkt?

Hoe
- Hoe scoor je op de schaal als je inderdaad weer terug naar school gaat?
- Hoe wil je over een jaar scoren?
- Hoe is het je tot nu toe gelukt om door te gaan?
- Hoe neem je de beslissing om naar je beste vriend, moeder, et cetera, te luisteren?
- Hoe weet je dat je kunt stoppen met hetgeen de problemen veroorzaakt?
- Hoe heb je de veranderingen in je leven gerealiseerd?
- Hoe weet je dat je op het juiste spoor zit?
- Hoe weet je dat je het gewenste resultaat hebt bereikt? (Terug naar school gaan, weer bij elkaar gaan wonen na een scheiding, et cetera.)
- Hoe weet je dat je het juiste doet?
- Hoe graag wil je de noodzakelijke veranderingen doorvoeren?
- Hoe hard wil je werken om het gewenste resultaat te bereiken?

Andere bruikbare vragen
- Is er misschien nog iets belangrijks dat ik vergeten ben te vragen?
- Is er mogelijk nog iets wat ik van je zou moeten weten?
- Nog meer? En wat nog meer?
- Je zult vast een goede reden hebben voor wat je hebt gedaan.

Hoe je over oplossingen kunt beginnen
Maak altijd gebruik van de w-vragen (wat, wanneer, waar en wie), maar niet van de *waarom*-vraag omdat die negatief en vijandig kan klinken. Gebruik in plaats daarvan 'Hoe komt het dat …?' Zorg ervoor dat je nieuwsgierig klinkt en niet alsof je de cliënt een lesje wilt leren.

Welke veranderingen wil je graag realiseren?	Hoe kan ik daarbij helpen?
Wat zullen die veranderingen voor jou betekenen?	Ik vraag me af of je het hebt gemerkt.
Welke kleine verandering zou je aanbrengen?	Hoe zou dat helpen?
Ik vraag me af wat dat zou betekenen.	Vertel me eens meer over …
Hoe weet je dat je dat kunt?	Wat is er nodig om …
Ik weet het niet zeker. Wat denk je?	Is het mogelijk dat …?
Wat zou je beste vriend(in) zeggen?	Heb je gemerkt dat …?
Waaraan merk je dat het beter gaat?	Stel dat …
Hoe wist je hoe dat moest?	Hoe weet je dat?
Misschien …	En nog meer?
Zou dat iets uitmaken?	Het lijkt erop dat …
Heb ik je goed verstaan?	Verbazingwekkend!
Als het anders zou gaan, wat zou je dan doen wat je op dit moment niet doet?	
Wat zou er nog meer veranderen?	Ik weet … nog niet.
Wat gaat er beter?	En wat nog meer?
Wat moet je doen om ervoor te zorgen dat je een 6 blijft scoren?	Hoeveel vertrouwen heeft je beste vriend(in) erin dat je deze keer op een 6 blijft?

Bruikbare taalvaardigheden

- *Niet-weten* – Wees nieuwsgierig, vergeet even je vakkennis en luister met een open oor.
- *Karakteristieke woorden van de cliënt* – Gebruik karakteristieke woorden om de volgende vraag te formuleren.
- *Stel* – 'Stel dat je frustratie verdwenen is, wat …'
- *Anders, verschil* – 'Welk verschil zou dat uitmaken? Is (was) dat anders dan voorheen? Wie zou het verschil opmerken?'
- *Goede redenen* – 'Je moet wel een goede reden hebben om …' 'Wat zou je (hij, zij) in plaats daarvan dan doen?'
- *Relatievragen* – 'Wat zou je beste vriend(in) zeggen …'
- 'Helpt dat? Op welke manier zou dat helpen?'
- *Tentatief, voorzichtig taalgebruik.*
- Verantwoordelijkheid voor de verandering versus schuld voor fouten.

Noten

1 DeJong, P., & Berg, I.K. (2002). *Interviewing for solutions* (2de ed.). Pacific Grove, CA: Brooks/Cole.
2 Weakland, J., Fisch, R., Watzlawick, P., & Bodin, A. (1974). 'Brief Therapy: Focused problem resolution', *Family Process, 13,* 144-168.
3 Watzlawick, P., Beavin, J., & Jackson, D.D. (1967). *Pragmatics of human communication.* New York: Norton.
4 Gergen, K.J. (1985). 'The social constructionist movement in American psychology', *American Psychology, 40,* 266-275.
  McNamee, S., & Gergen, K.J. (red.). (1992). *Therapy as social construction.* Newbury Park, CA: Sage.
5 Furman, B., & Ahola, T. (1992). *Solution talk: Hosting therapeutic conversation.* New York: Norton.
6 De Shazer, S., Berg, I.K., Lipchick, E., Nunnally, E., Molnar, A., Gingerich, W., & Weiner-Davis, M. (1986). 'Brief therapy: Focused solution development', *Family Process, 25,* 207-221.
7 Talmon, M. (1980). *Single session therapy: Maximizing the effect of the first (and often only) therapeutic encounter.* San Francisco: Jossey-Bass.

HOE-BOEK
VOOR DE COACH

Tips, modellen en vragen voor werkgerelateerde, individuele coaching

Joost Crasborn en Ellis Buis

Als coach wil je mensen in beweging krijgen. Je wilt ze in staat stellen met meer kracht en vertrouwen een eigen koers uit te zetten. Daarvoor gebruik je een scala aan methoden en technieken. Maar soms zou je als coach (nóg) beter willen weten hoe je een specifieke interventie inzet.

Dat staat in dit *HOE-boek voor de coach* in uiterst praktische hoe-bewoordingen: Hoe confronteer je? Hoe speel je in op stress? Hoe werk je aan perspectiefverbreding? Hoe werk je met polariteiten? Of: hoe doe je niks? In een dertigtal HOE's staan voorbeelddialogen, vragenlijsten, (gespreks-) modellen en checklists.

Het *HOE-boek voor de coach* is daarmee een heel waardevol en praktisch boek voor iedereen die professioneel met coaching aan de slag wil of is, boordevol mogelijke interventies in een coachtraject.

ISBN: 978 90 5871 009 3

Voor meer informatie of bestellen: www.thema.nl

Blijf jezelf ontwikkelen

www.thema.nl

boeken
spellen
waaiers
online cursussen
apps
workshops & events

THEMA.
Uitgeverij van Schouten & Nelissen

MEER WETEN? Ga naar www.thema.nl en bestel gemakkelijk en snel zonder verzendkosten. Voer actiecode 201350 in en de korting wordt automatisch verrekend in de prijs.